財閥と学閥

三菱・三井・住友・安田、エリートの系図

菊地浩之

角川新書

はじめに

そもそも学閥はあったのか

昔、「東京帝国大学は役人を養成するためにつくられた学校であり、一橋（大学）は三井物産社員をつくるためにつくられた学校だ」（『私の履歴書　経済人8』）というジョークがあった。それほど、三井物産には高商《こうしょう》（東京高等商業学校。現・一橋大学）閥がはびこっていることで有名で、東大卒では出世できないといわれていた。一方、三井銀行は慶応閥で有名だった。

では、本当に三井物産は高商閥の会社だったのか。具体的にいうなら、三井物産にはどれくらいの割合で東京高商卒が採用され、幹部にはどれくらいの割合を占めていたのか。さらにいえば、三井銀行は本当に慶応閥の会社だったのか。三井以外の財閥でも、特定の学歴の人間が重用されていたのか。つまり、学閥はあったのか。あったならば、どれくらいの比重があったのか――ということを探るのが本書の目的である。ちなみに、本書では、企業・団体の役職員において、特定の出身学校の偏りがみられる状態を「学閥」と定義する。

では、どの財閥を考察するのか、本書では四大財閥（三井・三菱・住友・安田）に絞って話を進めていきたい。なぜ十大財閥（三井・三菱・住友・安田・浅野・大倉・古河・野村・日産・中島）ではなく、四大財閥に絞ったかといえば、分量が多くなりすぎるからである。ホントは四大財閥にまで拡げるとページ数が嵩《かさ》みすぎるので、三大財閥に絞りたいのだが、安田財閥の事例が面白いので、そこは譲れない——ということで四つに絞った。

さて、第一章に入る前に、その大前提として、戦前の学校・学歴事情について話しておきたい。現代の大学と戦前の大学はまるで価値が違うからだ。「そんなこと知ってるよ」もしくは「興味ないよ」という御仁《ごじん》は第一章に進んで頂いて結構である。

学閥の前提としての学卒者採用

学閥が発生するには、まず高等教育を修めた人物（＝学卒者）を従業員として採用しなければならない。それが大前提である。江戸《えど》時代のように、丁稚《でっち》からはじめて「学歴は寺子屋だけです」なんて話なら、そもそも学閥の話ができない。

三井・住友財閥は江戸時代から続く商家だった。つまり、明治維新以降も丁稚がいて、従業員の主流を占めていた。ところが、或《あ》る日突然、経営側が学卒者を採用しはじめて、やがては現代企業のように、従業員は学卒者が一般的になっていったのだ。

では、いつ頃から学卒者採用を始めたのか。これは個々の財閥によって異なる。

・三菱財閥　一八七〇年創業。創業期から武士身分（≠学卒者）で構成。
・三井財閥　一八九〇年代に銀行・物産が学卒者の採用を開始。
・住友財閥　一九〇七年に学卒者の定期採用を開始。
・安田財閥　一九二二年に学卒者の大量採用を開始。
簡単にまとめると、三菱財閥から二〇年後に三井財閥が学卒者採用をはじめ、そのおおよそ一五年後に住友財閥、その一五年後に安田財閥が学卒者を採用しはじめたということになる。

戦前の学制

先ほどから、学卒者、学卒者と繰り返し述べているが、学卒者とは一体何か？

たとえば、厚生労働省のホームページによると、学卒者とは「学校教育法に基づく高校、高専・短大、大学を卒業した者又は大学院修士課程を修了し修士号を取得した者若しくは取得見込みの者をいう。ただし、大学医学部及び歯学部、専修学校、各種学校、職業能力開発施設等を卒業した者は除く」という。

ただし、これは戦後の学制を念頭に置いた記述なので、戦前に当てはめれば、旧制中学校（もしくはそれと同等の学校）より上の学校を卒業した者とでも表現できるだろうか（本書ではそうしている)。端的に「高校」とか「大学」を卒業した者と表現できないのは、戦前の学制は複雑——というか、複線的でわかりづらいからだ。ざっと概論を説明しておこう。

戦後の学制は小学校が六年、中学校が三年、高校が三年の計一二年があって、その先に大学があったり、短大や専門学校があったりといった感じだが、戦前の基本ルート(明治三三年時点)は尋常小学校が四年、高等小学校が二年、中学校が五年の計一一年だった(義務教育は尋常小学校のみ)。戦前の中学校修了でほぼ、戦後の高校修了の年齢となる計算だ。実際、戦前の旧制中学校が、戦後の学制改革で新制の高校に置き換わった事例が多い(たとえば、筆者の母校・北海道函館中部《ちゅうぶ》高等学校は、戦前の北海道庁立函館中学校である)。

しかし、戦前と戦後の学制では、単純な年齢比較ができないのが実情だ。スタートとなる尋常小学校への就学年齢が六、七歳前後と一定しておらず、学校に行かせない親も少なくなかった。三菱合資理事の奥村政雄《おくむらまさお》(一八七九年生まれ)によると、郷里の熊本の村では小学校に進学する子どもが少なく、「入学適齢期の子供はたくさんいたのだが、親たちの教育に対する関心も薄く、生活にも余裕のある者は少なかったから、村の有志が親たちに子供を学校に出してくれるよう説いて回ったということだ」(『私の履歴書　経済人6』)。

しかも、尋常小学校と高等小学校を併設した尋常高等小学校が存在したり、飛び級があったりで、同年齢でも個人によって学年が異なることが珍しくなかった。高等小学校を飛ばし

【戦前の学制】

明治33年

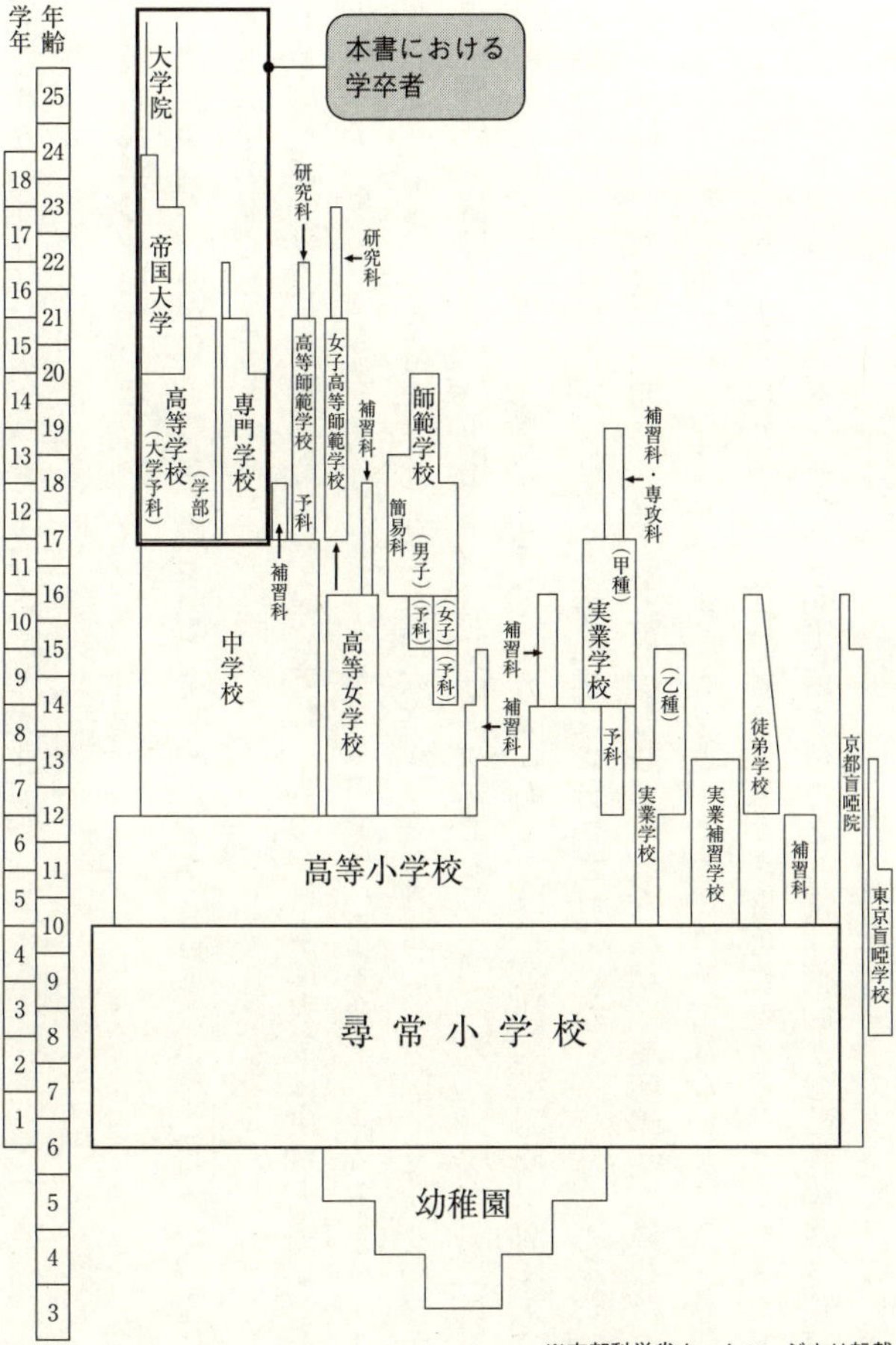

※文部科学省ホームページより転載

て、尋常小学校から中学校に進学することすらあったようだ。

慶応も一橋も大学じゃなかった

中学校まで話が進んだので、ここから順を追って高校—大学と行きたいところだが、先にゴールとなる大学の話をしよう。

一八九七年に京都大学（京都帝国大学）が設立されるまで、日本に大学は東京大学しかなかった（帝国大学、東京帝国大学と名称が変遷するが、本書では「東京大学」で呼び方を統一する）。その後、九州大学（九州帝国大学）など帝国大学が設立されるが、全国で九校しかなかった（表掲載の他に植民地下の京城《けいじょう》帝国大学、台北《たいほく》帝国大学がある）。

慶応義塾大学（私立大学）や一橋大学（帝大以外の国立大学）は、京都大学開校以前にすでに開校していたが、それらは大学ではなく、専門学校に分類されていた。

慶応義塾大学は、福沢諭吉《ふくざわゆきち》が開いた蘭学塾を母体とし、一八六八年に慶応義塾と称した。一八九〇年に大学部を設置したが、これは自称「大学」であって大学ではない。一九一八年の大学令によって二〇年に大学に昇格し、慶応義塾大学部から慶応義塾大学となったのだ。

一橋大学は、一八七五年に開設された商法講習所を母体として、何回かの改称の後、東京高等商業学校（略称・東京高商）と呼ばれた。東京高商も専門学校であって大学ではない。

【本書に登場する主な大学・専門学校】

区分	本書での略称	現在の校名	前身／主な前名	創設	大学昇格
帝国大学	東京大学	東京大学	大学南校、東京開成学校、帝国大学、東京帝国大学	1877	1877
	京都大学	京都大学	京都帝国大学	1897	1897
	北海道大学	北海道大学	札幌農学校、北海道帝国大学	1876	1918
	東北大学	東北大学	東北帝国大学	1907	1907
	九州大学	九州大学	九州帝国大学	1911	1911
	大阪大学	大阪大学	大阪帝国大学	1931	1931
	名古屋大学	名古屋大学	名古屋帝国大学	1939	1939
高等商業学校	東京高商	一橋大学	商法講習所、東京高等商業学校、東京商科大学	1875	1920
	神戸高商	神戸大学	神戸高等商業学校、神戸商業大学	1902	1929
	長崎高商	長崎大学	長崎高等商業学校	1905	－
	山口高商	山口大学	山口高等商業学校	1905	－
	小樽高商	小樽商科大学	小樽高等商業学校	1910	－
	名古屋高商	名古屋大学	名古屋高等商業学校	1920	－
高等工業学校	東京高工	東京工業大学	東京職工学校、東京工業学校、東京高等工業学校	1881	1929
	大阪高工	大阪大学	大阪工業学校、大阪高等工業学校	1896	1929
私立大学	慶応義塾	慶応義塾大学	慶応義塾	1868	1920
	早稲田大学	早稲田大学	東京専門学校	1882	1920
	中央大学	中央大学	英吉利法律学校、東京法学院大学	1885	1920
	明治大学	明治大学	明治法律学校	1881	1920
	専修大学	専修大学	専修学校	1880	1920
	日本大学	日本大学	日本法律学校	1889	1920
	同志社大学	同志社大学	同志社英学校	1875	1920
	東亜同文書院	（廃校）	東亜同文書院	1902	1939
その他	東京商船学校	東京海洋大学	三菱商船学校、東京商船学校、高等商船学校	1875	－
	東京外国語学校	東京外国語大学	東京外国語学校	1873	－

一九一八年の大学令によって二〇年に大学に昇格し、東京商科大学（略称・東京商大。一時期、東京産業大学に改称）となり、一九四九年、戦後の学制改革により一橋大学と改称した（本書では前身の「東京高商」で呼び方を統一する）。

つまり、現在の大学の多くは一九一八年の大学令で大学に昇格したもの、もしくはその後に設立されたものなのだ。話を単純化すると、現在、われわれが大学と認識している学校は、①

帝国大学系、②私立大学系、③高等商業学校系に大別できる（実際には、この他に高等工業学校、商船、外国語学校、陸軍士官学校などがあった）。そして、面倒なことに、中学校からこれら学校に進むルートが異なっていた。

複線型の進学ルート

帝国大学に進むには、旧制中学校から旧制高校に進むのが一般的だ。『旧制高校物語』の著者であり現代史家の秦郁彦《はたいくひこ》氏によれば、旧制高校は全国で三八校しかなかったという。時代によって異なるが、旧制高校からはほぼ無試験で帝国大学に進学できた。換言するなら、旧制高校に入った時点でほぼ帝国大学に進むことが可能だった。

私立大学などに進学するには、旧制高校以外のルートを経て進学していた。慶応義塾大学への進学ルートは旧制中学―慶応義塾予科―慶応義塾大学。東京高商への進学ルートは旧制中学もしくは県立商業学校―東京高商というルートが一般的だったようだ（無論、複線的なので、何でもあり。例外は少なくなかった）。

先述したように、同じ学年でも年齢はまちまちで、いったん社会に出てから、また学校に復帰する事例も珍しくなかった。同じ年に東京大学を卒業して、かたや一〇代の青年、かたや妻子持ちというパターンすらあった。

大卒は一％のエリート

現在の大学・短期大学進学率は六〇％以上といわれるが、一九六六年は一六・一％、一九七六年は三八・六％（文部科学省ホームページより）。ところが、戦前は一％程度だったという。一九四〇年の旧制中学への進学率はおおよそ七％、社会学者の竹内洋《たけうちよう》氏によれば、そこから旧制高校に進む者は「二十歳男子の一〇〇人に一人を超えることはなかった」（『学歴貴族の栄光と挫折』）という。大学に行ける者はホンの一握りのエリートだったのだ。

【旧制高等学校】

名称	所在地	設立
第一高校	東京	1894
第二高校	仙台	1887
第三高校	京都	1894
第四高校	金沢	1887
第五高校	熊本	1887
第六高校	岡山	1900
第七高校	鹿児島	1901
第八高校	名古屋	1908
新潟高校	新潟	1919
松本高校	松本	1919
山口高校	山口	1894
松山高校	松山	1919
水戸高校	水戸	1920
山形高校	山形	1920
佐賀高校	佐賀	1920
弘前高校	弘前	1920
松江高校	松江	1920
大阪高校	大阪	1922
浦和高校	浦和	1921
福岡高校	福岡	1921
静岡高校	静岡	1922
高知高校	高知	1922
姫路高校	姫路	1923
広島高校	広島	1924
台北高校	台北	1925
旅順高校	旅順	1940
北海道大学予科	札幌	1907
台北大学予科	台北	1941
京城大学予科	京城	1924
東京高校	東京	1925
富山高校	富山	1924
浪速高校	大阪	1926
府立高校	東京	1929
武蔵高校	東京	1922
甲南高校	兵庫	1923
成蹊高校	東京	1925
成城高校	東京	1926
学習院高校科	東京	1890

※『旧制高校物語』等より作成

進学熱の低さ

なぜ、こんなに進学率が低かったのか。そんなに入試が難しかったのか。実のところ、そこは比べようがないが、最大の原因は、親世代が子の進学に消極的だったからだ。

戦前はまだ農業従事者が多かった。しかも、江戸時代以来の農家なので、世襲が前提である。一〇代半ばのわが子に期待することは、高等教育を修めることではない。勉強するヒマがあるなら、農作業を手伝えということである。ちなみに、筆者の曾《そう》祖父は北海道の農家だった。父によれば、当時の農家では「勉強する＝農作業の手伝いをサボる口実」という認識だったという。こんな環境では、上の学校へ行こう、行かせようという意識が働かない。

では、一般家庭（農家のせがれ）に進学の機会がまったくなかったかといえば、そうでもなかった。小学校の先生が「この子は見所《みどころ》があるから上の学校に通わせて欲しい」と親元に談判《だんぱん》に行くのだ。校長先生がその子の学資を出すことすらあった。また、政財界で成功した人物が、地元の優秀な子どもを書生《しょせい》に採用して、進学させることも珍しくなかった。日本全体が貧しかったから、優秀な子どもを何とかしてやりたいという志《こころざし》が世間に溢《あふ》れていた（だから、かれらが成功者になった時には郷土に対する恩返しを忘れなかった。また、郷土愛が強く、同郷人を引き立てることも忘れなかった）。

それだけ期待されるということは、リーダーシップがあったり、文武両道に優れていたりしたのだろう。また、進学率が低いので、資産家の息子であれば、東京大学・京都大学に進むことも現在ほど難しくなかった。比較的裕福な家庭の子弟と、貧乏だが勉強だけでなく資質に優れたリーダーからなる学卒者は、真にエリートと呼ばれる人材だったのだ。

学校で初任給が違う

大学に行ける者はホンの一握りのエリートだったので、現在の東京大学よりも東京帝国大学の価値はベラボウに高かった。帝大に入れば、「末は博士か大臣か」（どちらも当時は庶民羨望《せんぼう》の高貴な身分だった）といわれ、立身出世は間違いない。

帝大卒は貴重だったから、初任給も高かった。戦前は出身学校によって初任給が違ったのだ。たとえば、一九〇一年の三菱は帝大卒が四〇円、慶応義塾が三五円だった。竹内洋氏によれば、「明治末ごろでは、帝大一に対して、東京高商〇・六〜〇・七、慶応〇・五〜〇・六、早稲田〇・三〜〇・四という大きな格差があった。大正、昭和と時代が下ると、格差は縮まっていく」（『学歴貴族の栄光と挫折』）。

ちなみに、東京高商の評価が高い一因は、一九一九年まで東京大学に経済科がなかったことだ。さすがは「役人を養成するためにつくられた学校」だ。法律重視で、経済なんか二の次だという訳である。

これに対し、東京高商は開設当初から「簿記、英語、算術、地理などの科目が教えられた。特に英語を重視した。後になって商業の分野も多様な知識を必要とするようになるので、商法、商品学、商業英語、経済学などが科目として加えられることになる」(『三商大』)。開設当時に外国の商館に貿易を独占されていたので、それを奪還すべく知識人を育成するため英語や教養にも目配せしていたというが、基本的なスタンスは実務重視で、企業はその卒業生を即戦力として期待したのだ。

慶応義塾はそこまで実務重視ではなかったようだが、理財科(≒経済学科)がカンバン学科で、経済人育成を主目的としていた。これに対し、早稲田は政治方面に興味があったらしく、就活の面では慶応義塾にかなり後れを取っていた。さらにいえば、在校生が今ほど多くなかったので、諸先生たちが企業人脈をフル活用して就活をバックアップしていた。

学卒者は別の人種

出身学校によって初任給が違うということは、企業にとっても帝大卒をはじめとする学卒者は魅力だったということだ。

三井物産の事実上の創業者・**益田孝**《ますだたかし》は、明治初年の「町人というものは学問もなし、侍とは全く人間が違っておった」(『自叙益田孝翁伝』)と述懐しているが、この「町人」を丁稚からの叩《たた》き上げ、「侍」を学卒者に置き換えると、当時の実相が浮かび上がってくる。つまり、学卒者は既存の商人像とは余りにも違った、別の人種だったのだ。

丁稚からの叩き上げは、決められた法規・手順に従い、ミスなく迅速に事務作業を遂行することは得意だが、今ある事務作業を根本的に変えるとか、未知の技術を導入するとなると、学卒者を充てるのが近道だと考えられていた。

意外にも、創業時の三井物産には丁稚上がりの職員が多かった。しかし、海外支店を拡充するにあたって学卒者を採用しはじめ、海外貿易に比重が強まると学卒者採用が主流になっていったという。

学卒者vs.叩き上げ

丁稚上がりの職場に学卒者が突然投入されると、当然の如くハレーションをもたらした。福沢諭吉の甥《おい》・中上川彦次郎《なかみがわひこじろう》は、三井銀行で学卒者の大量採用を行ったが、その女婿・池田《いけだ》成彬《せいひん》(慶応義塾大学部の一期生)は「銀行の人物採用にしても、慶応出の人間ばかりどん〳〵入れるというような訳ですから、古くからいる番頭さんなぞは、蔭でいろ〳〵不平を言《い》つたろう」(『故人今人』)と述懐している。

住友財閥は一九〇七年から学卒者の新卒採用を始めたが、その第一期生・東京大学卒の川田順《かわだじゅん》は、以下のように回想している。「入社して最初の年末に私は『夜業』（残業？）というものを幾日か続けねばならなかった。がらんとした大事務室に五、六人居残って、ソロバンを片手に、おもしろくもない計算を夜の更けるまでした。生粋のゼイロク（贅六。江戸っ子が関西の人間をあざけっていうことば）できわめて意地のわるい奴が、係長であったが、彼は大学とか高商とかいう学校出の若者達を目の敵《かたき》にして、無意味にコキ使った。数年の後に私がその男の上司となった時、ただちに引導をわたして、馘《くび》った。それは決して私憤ではなかった。新しく興《おこ》って来ようとする当然の勢力をば自分の保身のために阻止するごときは、社会の進歩の妨げになると考えたからである。この種の男は、他にも少々ばかりいた。『小人《しょうにん》』とはこれらの輩のことだ」（『住友回想記』）。

再び、本書の目的

現代社会ではほぼ全ての企業が、いわゆる学卒者に相当する人材を大量に採用している。しかし、先述した通り、明治以降に勃興《ぼっこう》した企業においては、必ずしも創業時から学卒者を大量採用していたわけではなかった。半ば強引に学卒者採用を進めていった人物が存在し、その人物がどの大学をターゲットにしたかによって学閥が形成されていったり、その財閥・

企業の置かれた状況やその時々の経営者の判断によって徐々に学閥が形成されていった。

本書では、四大財閥（三井・三菱・住友・安田）について、主要な経営者の交代を述べた上で、どのような考えで学卒者を採用しはじめ、その結果、一九四〇年前後でどのような学歴構成に至ったかを明らかにしていく。当然、現在はどうなっているかという話にもなるのだが、一九九九年の考察を最新とした。それ以降は三井と住友が合併したり、安田がみずほに呑《の》み込まれたりして、三井財閥や安田財閥の現在といえなくなってしまうからだ。

なお、年次の表記は西暦で統一し、人名表記（参考文献の書名内も含む）は原則として旧字体・異体字を排した（たとえば、岩崎寛彌《いわさきひろや》は岩崎寛弥と表記した）。また、資料からの引用部分においては引用者が適宜改行を加えており、特に断りのない限りカッコ書きは引用者註である。

先にも少し触れたように、時代によって校名が変遷する学校は少なくないが、代表的な校名で表記を統一した。たとえば、東京大学→帝国大学→東京帝国大学は「東京大学」。東京商業学校→高等商業学校→東京高等商業学校→東京商科大学→東京産業大学→東京商科大学→一橋大学は「東京高商」。第一高等中学校→第一高等学校は「旧制一高」とした。

【編集部注】

本文中の引用資料には、「気が狂った」「按摩」など、今日の人権擁護の見地に照らして、不適切と思われる語句や表現がありますが、原文の歴史性を考慮し、また原著者が故人であることを鑑み、原文のママとしました。

目次

第二章　三井財閥

第三章　住友財閥

第四章　安田財閥

図版作成　山下武夫（クラップス）

第一章　三菱財閥

第一節　三菱財閥の歴史

初代・岩崎弥太郎

三菱財閥の創業者・岩崎弥太郎《いわさきやたろう》（一八三五〜八五）は土佐《とさ》国安芸《あき》郡井ノ口《いのくち》村（現・高知県安芸《あき》市）の地下浪人《じげろうにん》・岩崎弥次郎《やじろう》の長男として生まれた。地下浪人とは武士身分の株（権利）を売り払ってしまった者をいい、武士でありながら、武士でない。最下層民だった。

弥太郎は後年強気一辺倒のダンピング商法でライバル会社を駆逐し、その厳《いか》つい風貌《ふうぼう》から、才能というより性格で出世したように見られがちだが、実際には土佐国内でも有数の秀才で、江戸に出て一八五五年から昌平黌《しょうへいこう》教授・安積艮斎《あさかごんさい》の私塾に学んだ（今でいうなら、東京大学名誉教授の私塾に通うようなイメージで、よほどの秀才でなければ許されない）。

弥太郎は土佐《とさ》藩仕置役《しおきやく》の吉田東洋《よしだとうよう》によって抜擢《ばってき》され、吉田が暗殺されると、その甥《おい》・後藤《ごとう》象二郎《しょうじろう》の腹心として異例の出世を果たした。一八六六年、土佐藩は貿易などを担う開成館《かいせいかん》を開設し、長崎に開成館長崎出張所（通称・長崎商会）を設けた。弥太郎はその主任役として土佐藩における貿易実務を取り仕切り、諸藩の外交問題にも協力を求められるほど外国人から信頼された。その結果、弥太郎は「郷士《ごうし》」から「上士《じょうし》」である新留守居組《しんるすいぐみ》に昇進する。開成館長崎商会が閉鎖されると、弥太郎は開成館大坂商会に転出。六九年の版籍奉還《はんせきほうかん》を機に土佐藩の職制が再編され、弥太郎は少参事《しょうさんじ》（江戸時代の中老クラス）に昇進し、大坂藩邸の最上席者となった。

しかし、明治政府が中央集権化を徹底させるため、各藩の経済的基盤を取り上げようと、藩営商会の廃止を通達。大坂商会も廃止の対象となってしまう。土佐藩首脳は弥太郎と協議して大坂商会の存続を図り、土佐藩から名目上分離し、私商社として独立させることを決定した。こうして一八七〇年一〇月九日、開成館大坂商会は土佐藩から名目上分離し、九十九《つくも》商会という名で独立した（「九十九」とは、高知県下の九十九湾に由来する。三菱の創業をいつにするか諸説があるが、三菱グループではこの日を以《もっ》て創業としている）。

一八七一年、廃藩置県で土佐藩が解体されると、土佐藩首脳は弥太郎に九十九商会を払い下げた。弥太郎は表に出ず、七二年に当時の幹部三人（川田《かわだ》小一郎《こいちろう》、石川七財《いしかわしちざい》、中川亀之助《なかがわかめのすけ》）の姓にちなんで三川《みつかわ》商会と改称したが、七三年に自ら社主となり、社名を三菱商会と改め、積極的に経営に乗り出した。

三菱は国内外の海運業者との競争に勝ち抜き、日本近海の海運を独占。暴利を貪《むさぼ》っていると批判され、国内企業の目の敵にされた。明治政府の財政部門を牛耳った旧長州《ちょうしゅう》藩の品川弥二郎《しながわやじろう》・井上馨《いのうえかおる》は、反三菱派の実業家を糾合して一八八三年に海運会社・共同運輸会社を設立。三菱とことごとく競合する航路を設定し、熾烈《しれつ》なダンピング競争をふっかけた。この激闘がピークを迎える八五年二月七日、弥太郎は胃ガンにより死去した。享年五二であった。

二代・岩崎弥之助が事業を再構築

弥太郎の死後、弥太郎の弟・岩崎弥之助《やのすけ》（一八五一〜一九〇八）が社長に就任した。弥之助は弥太郎の一七歳下の弟で、一八六七年に土佐藩校・致道館《ちどうかん》に入学。優秀な成績を収め、扶持米《ふちまい》を支給される給費生となった。翌六八年に兄・弥太郎を頼って大坂に出て、七二年四月に米国に留学。七三年に弥之助は帰朝し、ただちに三菱商会に入社した。

共同運輸会社との競争の最中《さなか》、弥太郎が死去すると、弥之助は共倒れを危惧《きぐ》。重役・川田小一郎が政府高官の間を奔走して、一八八五年九月に両社を合併させて日本郵船会社（現・日本郵船）を設立、競争を終結させた。弥之助は海運事業に対する三菱の支配力が弱まると、海運から手を引き、それまでに手を拡げていた造船・鉱山経営・銀行・倉庫などの事業を再構築した。

弥之助は岩崎家事務所（通称・三菱社）を設立し、事業を集約したが、その実、家業の域を出ず、会社組織の躰《てい》を成していなかった。そこで、弥之助は家政改革（家法や規範を整えるなどして家計の維持・発展させること）を図って岩崎家の財産から事業を切り離し、弥太郎の長男・**岩崎久弥**《ひさや》（一八六五〜一九五五）との共同出資により、一八九三年一二月に資本金五〇〇万円の三菱合資会社（以下、三菱合資）を設立した。また、三菱合資の社長には岩崎久弥が就任。弥之助はわずか八年で社長を久弥に譲った。

茅町家と高輪家の両統迭立

岩崎家は、弥太郎の子孫にあたる茅町《かやちよう》家、弥太郎の弟・弥之助の子孫にあたる高輪《たかなわ》家が交代に社長を務め、一方が社長を務めるともう一方が副社長として経営を補佐し、次代に備える形態を取った。

岩崎家は「庶嫡《しよちやく》の別」（長男と次男以下の待遇の差）が激しい土佐藩の藩風を引き継ぎ、三菱財閥の経営にタッチできるのは家の当主とその嫡男のみ。次男以下は三菱社に入社することもできなかった。従って、副社長に次ぐ管事《かんじ》（のちに総理事、専務・常務）以下はサラリーマン重役（専門経営者という）が担った。

三代目の岩崎久弥は母に似て温厚篤実、従兄弟《いとこ》の**岩崎小弥太**《こやた》（一八七九〜一九四五）の有能さを認め、一九一六年七月に五二歳の若さで社長職を譲った。

小弥太は積極果敢な性格で、強いリーダーシップを発揮。三菱合資の各部門を分離させ、三菱造船、三菱商事、三菱鉱業、三菱銀行などの直系企業を設立。それらを分離した結果、三菱合資は持株会社化していった。

財閥直系企業の成り立ち

三菱財閥では直系企業を分系会社と呼ぶ。分系会社の多くは、三菱合資の各部門を分離・独立させたものである。

三菱では長崎造船所や吉岡《よしおか》鉱山（岡山県高梁《たかはし》市）など、地方に生産拠点（三菱では「場所」と呼ぶ）を置くケースが多く、本社による管理が行きとどかないことから、これらの場所に多くの権限を委譲していた。ところが、全国に支店を多く持つ銀行・販売部門は、場所制度になじまないことから、一八九五年に銀行部・売炭部（のちに営業部に改称）などの「部」を新設して、部単位に独立採算制を実施した。その後、鉱山部・造船部などが設けられた。

一九一〇年代にこれらの「部」を分離・独立させ、相次いで分系会社を設立していった。

- 一九一七年一〇月　三菱合資造船部を分離して三菱造船（**三菱重工業**）を設立。
- 一九一七年一〇月　臨時製鉄所建設部を分離して**三菱製鉄**（のち日本製鉄）を設立。
- 一九一八年四月　三菱合資営業部を分離して**三菱商事**を設立。
- 一九一八年四月　三菱合資炭鉱部と鉱山部を統合して**三菱鉱業**を設立。
- 一九一九年三月　三菱合資庶務部保険課を分離して**三菱海上火災保険**を設立。

・一九一九年八月　　三菱合資銀行部を分離して**三菱銀行**を設立。

一九三七年五月に地所課が分離して**三菱地所**が設立されると、三菱合資は事業部門を持たない純粋な持株会社となり、財閥本社として分系企業を統理助長する「本社」という位置付けを明確にした。同年一二月に株式会社三菱社に改組。四〇年に三菱社の株式は公開され、四三年に三菱本社と改称された。

三菱財閥のトップマネジメント

三菱は一八七五年の規則制定時に社内組織を整え、社長（岩崎弥太郎）を補佐する職として管事を置いた。初期の管事はかつての同僚である旧土佐藩士・**石川七財**（一八二八〜八二）、**川田小一郎**（一八三六〜九六）。次いで、慶応義塾から**荘田平五郎**《しょうだへいごろう》（一八四七〜一九二二）をヘッドハンティングした。

三菱財閥では社名や職掌の変更が少なからず行われているが、三菱合資会社の管事、総理事、三菱社の専務、三菱本社の理事長、常務などが、その時々の専門経営者のトップだと思われる。

三菱財閥の特徴として、専門経営者のトップが岩崎家当主と個人的に親密な関係にあったことがあげられる。親族（豊川良平《とよかわりょうへい》は弥太郎の従兄弟、荘田平五郎は弥太郎の姪《めい》と結婚）、ご学

トップマネジメント								
就任まで	就任	退任	任期	就任年齢	退任年齢	没年	享年	履歴
5年	1875	1882	8年間	47歳	54歳	1882	54歳	
5年	1875	1891	17年間	39歳	55歳	1896	60歳	
5年	1880	1910	29年間(2年離任)	33歳	63歳	1922	75歳	1880-1885郵便汽船三菱会社管事、1885日本郵船会社理事、1887三菱合資管事
13年	1888	1893	6年間	41歳	46歳	?	不明	1881-1887高島炭坑事務長、1884-1897兼長崎造船所支配人、1888三菱会社管事
31年	1910	1913	4年間	58歳	61歳	1920	68歳	1889第百十九国立銀行頭取、1897本社支配人、1899銀行部長、1910三菱会社管事
29年	1910	1916	7年間	55歳	61歳	1928	73歳	1897本社支配人、1899鉱山部長、1910三菱合資管事
29年	1914	1915	2年間	59歳	60歳	1920	65歳	1910銀行部長、1914三菱合資管事
27年	1916	1918	3年間	54歳	56歳	1926	64歳	1901庶務部長、1916総務部専務理事、1916三菱合資管事
30年	1920	1935	16年間	55歳	70歳	1935	70歳	1901庶務部長、1915炭鉱部長、1916専務理事、1917三菱合資理事、1920総理事
29年	1920	1922	3年間	55歳	57歳	1946	81歳	1910営業部長、1916専務理事、1917三菱合資理事、1920総理事、1931満鉄副総裁
41年	1935	1937	3年間	68歳	70歳	1939	72歳	1914銀行部長、1916専務理事、1917三菱合資理事、1919三菱銀行常務、1922会長、1935三菱合資総理事
29年	1937	1941	5年間	66歳	70歳	1942	71歳	1918三菱鉱業常務、1920三菱製鉄常務、1925会長、1931三菱石油社長、1937三菱社専務
44年	1937	1941	5年間	65歳	69歳	?	不明	1920三菱造船常務、1928三菱合資理事、1936常務理事、1937三菱社専務
29年	1940	1945	6年間	63歳	68歳	1950	73歳	1922三菱鉱業取締役、1931三菱合資理事、1936三菱商事会長、1940三菱社専務、1943三菱本社取締役理事長
33年	1941	1943	3年間	56歳	58歳	1944	59歳	1928三菱造船取締役、1934三菱合資参与、1940三菱社取締役、1941専務、1943三菱本社常務
28年	1941	1945	5年間	55歳	59歳	1950	64歳	1932三菱石油常務、1940三菱社取締役、1941専務、1943三菱本社常務
31年	1943	1947	5年間	52歳	56歳	?	不明	1938三菱鉱業取締役、1941常務、1943三菱本社常務
28年	1945	1947	3年間	53歳	55歳	1963	71歳	1942三菱社秘書役、1943三菱本社総務部長、1945常務
37年	1945	1947	3年間	59歳	61歳	1986	100歳	1929三菱商事常務、1940会長、1940三菱社取締役兼務、1945三菱本社社長

【三菱財閥のトップマネジメント】

氏名	役職	出身地	出身学校	前歴	生年	入社	
						入社	年齢
石川七財	三菱会社管事	高知	–	土佐藩士	1828	1870	42歳
川田小一郎	三菱会社管事	高知	–	土佐藩士	1836	1870	34歳
荘田平五郎	三菱会社管事	大分	慶応義塾	慶応義塾教諭	1847	1875	28歳
山脇正勝	三菱会社管事	三重	米国留学		1847	1875	28歳
豊川良平	三菱合資管事	高知	慶応義塾	三菱商業学校 校長→明治義塾	1852	1879	27歳
南部球吾	三菱合資管事	福井	大学南校(工博) →コロムビア大学		1855	1881	26歳
三村君平	三菱合資管事	大分	–		1855	1885	30歳
荘 清次郎	三菱合資管事	長崎	大学予備門 →東京大学法学部 →エール大学		1862	1889	27歳
木村久寿弥太	三菱合資総理事	高知	東京大学政治科		1865	1890	25歳
江口定条	三菱合資総理事	高知	三菱商業学校 →東京高商	東京高商教諭	1865	1891	26歳
串田万蔵	三菱合資総理事	東京	ペンシルベニア大学	米国の銀行	1867	1894	27歳
三好重道	三菱社専務	宮崎	慶応義塾 →欧米留学	九州鉄道 →帝国鉄道庁	1871	1908	37歳
永原伸雄	三菱社専務	岡山	東京高商附属 主計学校		1872	1893	21歳
船田一雄	三菱社専務 三菱本社理事長	愛媛	東京大学独法科	検事	1877	1911	34歳
武藤松次	三菱社専務 三菱本社常務	佐賀	神戸高商		1885	1908	23歳
平井 澄	三菱社専務 三菱本社常務	高知	東京大学独法科		1886	1913	27歳
鈴木春之助	三菱本社常務	東京	東京高商		1891	1912	21歳
石黒俊夫	三菱本社常務	愛知	東京大学政治科		1892	1917	25歳
田中完三	三菱本社社長	新潟	東京高商		1886	1908	22歳

※出典：『三菱グループの研究』

友（荘清次郎《しょうせいじろう》、桐島像一《きりしましゅういち》、木村久寿弥太《きむらくすやた》は三代目・岩崎久弥のご学友。三好重道《みよししげみち》は四代目・岩崎小弥太の友人）、同郷（石川七財、川田小一郎、豊川良平、木村久寿弥太、江口定条《えぐちさだえ》、桐島像一、平井澄《ひらいきよし》が土佐出身）である。

学歴構成は二一人中、東京大学卒が五人と多く、次いで東京高商卒が四人、慶応義塾卒が三人、留学経験者が五人である（重複を含む）。

新卒採用で重役に昇進したケースが多く、中途採用でも二〇代で三菱入りしたケースが多い。外部からの人材輸入を好まず、「自分の必要とする人物は、自分で作るのだ」と語っていた弥太郎の考えが継承されているのだろう。

第二節　学卒者採用のはじまり

創業期は慶応閥

一八八一年七月に創設された明治生命保険（現・明治安田生命保険）は、三菱系でかつ慶応閥の会社として知られていた。三菱会社管事・荘田平五郎が元慶応義塾塾頭で、他にも慶応義塾ＯＢが少なからずいたことから、三菱財閥の宴会に慶応義塾ＯＢが流れ込み、その席で荘田らが生命保険会社の話で盛り上がり、設立に至ったという。

この逸話が示す通り、一八八〇年頃の三菱財閥の学卒者には慶応義塾ＯＢが多かった。日本郵船社長となる近藤廉平《こんどうれんぺい》・吉川泰二郎《よしかわたいじろう》、三菱合資管事となる荘田平五郎・豊川良平、のちに三井合名に移籍した朝吹英二《あさぶきえいじ》が慶応義塾出身である。

この時期、三菱――というか日本企業――はまだ新卒の定期採用を行っていなかった。企業側と学校側が互いに必要な人材を探り合って就職を斡旋《あっせん》していたのだが、三菱と慶応義塾は相性が良かった。「慶応では、福沢諭吉《ふくざわゆきち》が多くの卒業生を近代企業に紹介・推薦していた。（中略）また、小泉信吉《こいずみしんきち》と小幡篤次郎《おばたとくじろう》の両塾長も積極的に就職の紹介・斡旋を行っていたことを確認できる」（『大学の社会経済史』）。

そして、その福沢が三菱のことを極めて好意的にとらえていたのだ。「或る時福沢諭吉が日本橋南茅場町《みなみかやばちょう》の三菱事務所に立寄ると、店の正面に大きな『おかめ』の面が掛けてある。社員は前垂れ掛で働いてゐ《い》る。見た所、和船の廻船問屋《かいせんどんや》と少しも変りがない。政府が保護してゐ《い》る日本国郵便汽船会社の官員風とは大違ひ《い》である。すつ《っ》かり感心した福沢は塾生の豊川良平に『岩崎氏は噂に聞いたとは全く違ひ《い》、山師ではない。今日の様子では成功は疑ひ《い》ない。殊《こと》に店の前に「おかめ」の面を掲げ、店内に愛敬《あいきょう》を重んじさせてゐ《い》るのは、近頃の社長にはできぬことだ』と大いに褒めてゐ《い》る」（『岩崎弥太郎伝　下』）と語ったという。そのため、三菱には優秀な人材を推薦したのだろう。

弥太郎の人材観

一方、三菱は、母体・開成館が土佐藩設立の貿易を担っていたので、その従業員の多くは旧土佐藩士だった。当時の商家の従業員といえば、丁稚《でっち》から叩き上げで読み書き算盤《そろばん》くらいの教育しか受けていなかったが、三菱は高い教育を受けた士族によって構成されていた。さらに弥太郎自身が勉学で身を立てたから教育に理解があり、学卒者の採用に熱心だった。岩崎弥太郎が「今一つ当時の風潮に魁《さきが》けたのは、高等教育をうけた学校出身者を多く採用したことである。これは近代的な洋式汽船業の経営上、新知識に富み、英語をよくする者を必要とした点もあるが、旧時代の低級な商人意識をもたぬ新しい実業人を作ら《ろ》うといふ考《う》へ《え》からである。

弥太郎は長崎以来外国商人と交際し、彼等が高い教養や社会的地位をもつ《つ》てゐ《い》ること、国家経済に果たす重要な役割を担つ《つ》てゐ《い》ることを知悉《ちしつ》してゐ《い》た。従つ《つ》て将来は我国の実業家も彼等に劣らぬ知識教養を身につけた人物が働らくことが、我国の経済を向上させる道であると考へ《え》た。

特に明治初年の貿易界は外国商社に商権を握られてゐ《い》たから、この貿易商権の回復には、国士的精神をもつ気概のある人物が必要であると考へ《え》た。弥太郎が士族の子弟や学校出身者を登用したのはこのや《よ》うな思想からである」（『岩崎弥太郎伝　下』）。

　弥太郎は、従兄弟・豊川良平に自由な立場を与え、政界・官界などに幅広い人脈を構築させていた。豊川は俗に「三菱の人買い」と呼ばれ、これはと思った人材を積極的にハンティングしていた。

　この豊川が慶応義塾出身だったことから、当然、慶応義塾の卒業生が三菱に採用されるようになったのだ。どこまで本当かは定かではないが、先述の近藤廉平・吉川泰二郎・荘田平五郎・朝吹英二の三菱採用は、すべて豊川が介在していたといわれている。

東大卒の採用

　当時、慶応義塾は大学ではなく専門学校で、大学といえば東京大学しかなかった。

　東京大学は官僚育成の学校と位置づけられており、そのOBで最初にサラリーマンになったのは、**加藤高明**《かとうたかあき》（一八六〇〜一九二六）だといわれている（加藤が入社した前年、末延道成《すえのぶみちなり》が三菱に就職していたようなのだが）。加藤は尾張《おわり》藩の代官の手代の子として生まれ、一八八一年に東京大学法学部を首席で卒業、豊川の勧誘で三菱に入社。八六年に弥太郎の長女・春路《はるじ》と結婚し、翌八七年に外務省に転じ、駐英公使、外務大臣を経て一九二四年に第二四代内閣総理大臣に就任した。

加藤は法学部出身の、今でいう文系なのだが、理系の採用も並行して進められている。一八八〇年に大学南校（後の東京大学）からコロムビア大学（採鉱冶金《さいこうやきん》製鉱）に留学した長谷川《はせがわ》芳之《よしの》助《すけ》を、八二年に東京大学採鉱冶金科卒の堀田《ほった》連太郎《れんたろう》を採用している。弥太郎時代、三菱は海運会社だったが、すでに各地の鉱山を買収しており、鉱山経営にも進出していた。そのため、鉱山分野の学卒者が必要になったのだろう。なお、三菱は八四年に官営長崎造船所を借り受け、弥太郎の死後には造船部門についても東京大学卒の採用がはじまった。九〇年に東京大学工科大学造船学科卒で、のちに三菱造船常務となる塩田《しおた》泰介《たいすけ》を新卒で採用している。

塩田泰介（一八六七～一九三八）は岡山県赤坂《あかさか》郡今井《いまい》村（現・赤磐《あかいわ》市）の貧農の四男に生まれ、小学校での成績が優秀だったため、満一一歳の時に同郷の松田《まつだ》金次郎《きんじろう》の書生となり上京。松田の転勤に伴って大阪に移って大阪商船学校に進み、一五歳で兵庫造船局に就職。一八八七年に一九歳で外交官・花房義質《はなぶさよしもと》（松田の実兄）の書生となり、東京大学工科大学造船学科に選科生として入学して造船を学んだ（選科とは、特定の科目のみを受講する学生のこと）。三菱は長崎造船所の払い下げに向けて、同所勤務の水谷六郎《みずたにろくろう》を採用していたが、松田金次郎と水谷が知人だったので、その縁を頼って自ら長崎造船所への就職を希望したという。

塩田は就職の経緯を「卒業前の事であつ《っ》たが、水谷六郎氏が鍛冶橋《かじばし》外の嶋鉄（平野といふ《う》苗字だが嶋鉄と云つ《っ》た）といふ《う》宿屋に来て居られたのに自分で行つ《っ》て、大学を終るのだが長崎へ入れて貰《もらえ》へないかと頼んだ。当時長崎には外国人が十人も居たのを、段々日本人に換《え》へると云《い》ふ《う》時代であつ《っ》たので、予の先輩で一年前に正科卒業の人が月給七十円を望んだとの事で不調であつ《っ》たが、予は選科生であるから如何程《いかほど》でも宜しいと云つ《っ》たので、さういふ《そういう》事ならと云つ《っ》て、水谷氏が長崎に帰られてから、四十円といふ《う》事で入れて貰つ《っ》た。（中略）水谷氏は大阪時代から予は知つ《っ》て居り、花房家へも訪《たず》ねて来られた事もあつ《っ》て、かういふ《こういう》書生が居る位は知つ《っ》て居られた事と思ふ《う》が、別に紹介も無しに御訪《おたず》ねしたのであつ《っ》たが就職に成功した」（『塩田泰介氏　自叙伝』。最初のカッコ書きは原文ママ）と述懐している。

定期採用のはじまり

先述の通り、三菱財閥は、弥之助が設立した三菱合資が一九一〇年代に造船部（三菱造船→三菱重工業）、営業部などを分離して財閥直系企業を設立していくのだが、その後も本社で一括採用し、各社に振り分けていた（一九三二年から各社が個別に採用をはじめた）。「１８９６年頃から、毎年、学校卒業者を受け入れていたが、それは必ずしも組織だった採用とはいえなかった。初めて学校卒業者を採用してみようという話がでたのは１８９２年のことで、そのときは岩崎弥之助社長から（秘書役の木村久寿弥太を通じて）帝大に卒業生を３～４名もらいたいという申し入れがあったが、たまたまそのとき実情を聞くため先輩の荘清次郎を訪ねた青木《あおき》菊雄《きくお》はこのことを耳にして他の2人と入社した」という（「三菱・商事部門で働いた人びと」）。

青木菊雄（一八六七〜一九四九）とは、のちに三菱合資管事となる人物で、大和郡山《やまとこおりやま》藩家老の家に生まれた。一八八九年に旧制一高、九二年に東京大学英法科を卒業。成績優秀で内務省もしくは裁判官への就職を希望していたが、父を早くに亡くし、異母兄が事業に失敗していたため、やむなく三菱への就職を考え、高校・大学の先輩にあたる荘に相談したらしい。青木とともに採用に応じたのは工藤祐定《くどうすけさだ》と松木鼎三郎《まつきていさぶろう》で、松木が六七年、工藤が六八年生まれ。ともに八九年旧制一高卒、九二年東京大学政治科卒だった。

荘清次郎については後述するが、青木より五歳年上で、一八八〇年に大学予備門（のちの旧制一高）卒、八五年に東京大学法学部を卒業した後、八六年に岩崎久弥に随伴して渡米してエール大学に留学。当時は第百十九国立銀行大阪支店支配人を務めていた。旧制一高のOB名簿（『第一高等学校同窓生名簿（昭和61年版）』一高同窓会編』）と見比べると、当時、三菱に旧制一高卒の社員は五人しかおらず、文系は二人。そのうち、荘が年長だったので、荘にコンタクトを取ったのだろう。学校人脈の絆《きずな》がうかがえる。

第三節　岩崎家特有のご学友制度

久弥のご学友

弥太郎は子弟の教育に厳しく、寄宿舎を設けて久弥とその兄弟をそこに預けた。戦前の上流階層では、寄宿舎を設けて子弟を預ける事例が少なくなかった。優秀な同世代の学卒者と寝食をともにして切磋《せっさ》琢磨《たくま》する側面があり、「ご学友」には優秀な人材が用意され、かれらは三菱に就職して活躍した。

三代目・**岩崎久弥**は弥太郎の長男として土佐国安芸郡井ノ口村で生まれた。父・弥太郎の東京進出と共に上京し、一八七五年に慶応義塾幼稚舎に入学。三田《みた》三丁目に家を借りて通学した。七八年に弥太郎が三菱商業学校を開設すると久弥は同校に転校。八一年に三菱商業学校は明治義塾と改称して豊川良平を塾長とし、商業教育から法律学校に方針を転換した。また、同時期に岩崎家は駿河台東紅梅町《するがだいひがしこうばいちょう》の弥之助邸の傍らに寄宿舎を設け、大石正巳《おおいしまさみ》を監督に置き、久弥は学友等と同居した。後に寄宿舎は本郷龍岡町《ほんごうたつおかちょう》に移転し、雛鳳館《すうほうかん》と称した。八五年に父・弥太郎が死去すると、社長に叔父《おじ》・岩崎弥之助が着任。翌八六年五月に久弥は米国に留学した。米国に渡った久弥は二ヶ年の準備の後、八八年に米国ペンシルベニア大学に入学、九一年五月に卒業。同年一〇月に帰国、一一月に三菱社副社長に就任。九三年に三菱合資社長に就任した。

久弥は慶応義塾幼稚舎時代（一八七五〜七八）に、豊川良平・藤岡歓次《ふじおかかんじ》と同居して通学した。豊川良平は父・弥太郎の従兄弟で久弥より一三歳年上、のちに三菱の重役になる。藤岡歓次は弥太郎の妹の次男で、久弥の従兄弟にあたるが、生没年は不明。慶応義塾幼稚舎に久弥とともに入舎していることから同年代だと思われる。東京倉庫（三菱倉庫）に務めるが、幹部に昇進しておらず、興信録の類《たぐ》いにも掲載されていない。

久弥は三菱商業学校・明治義塾時代（一八七八〜八六）に、本郷龍岡町の寄宿舎・雛鳳館で青年期を過ごした。「三田時代には豊川良平を久弥の監督につけ、明治十四年には駿河台東紅梅町の弥之助邸の傍らに寄宿所を設け、大石正巳を監督に頼み千矢稲男、藤岡歓次、和田義睦等数人を学友として同居させた。（中略）学寮は後に本郷龍岡町桐野利秋の邸跡に移し雛鳳館と称した」「雛鳳館初期の寮生には桐島像一、二宮熊次郎《にのみやくまじろう》、宇都宮平一《うつのみやへいいち》、林民雄《はやしたみお》等がゐ《い》る。雛鳳館の生活についてはこれより時代が下るが、久弥の弟康弥はその在寮時代の思ひ出《い》を次のやうに述《よ》べてゐ《い》る。

われわれ兄弟は皆雛鳳館に起居し本邸には住まなかつ《っ》た。わたくしの時代には在塾生が十五、六名、通学生が一時百名に近く、われわれは在塾生を譜代、通学者を外様と呼ん

【久弥のご学友】

区分	氏名	生年月日	出身地	高校	学歴	主な経歴
三田 3丁目	和田義睦	(不明)	高知	1881 一高	1885 東京大学土木科	九州大学工学部講師
	千矢稲男	(不明)	(不明)		(不明)	(不明)
	岩崎久弥	1865.8.25	高知	−	1891 ペンシルベニア大学	三菱合資社長
	藤岡歓次	(不明)	高知		(不明)	東京倉庫(三菱倉庫)副支配人
雛鳳館 (久弥)	宇都宮平一	1858.4.20	鹿児島		(不明)	衆議院議員
	桐島像一	1864.10.5	高知	−	1890 東京大学法選科	三菱合資地所部長
	二宮熊次郎	1865.5.10	愛媛		(不明)	新聞記者
	岩崎久弥	1865.8.25	高知	−	1891 ペンシルベニア大学	三菱合資社長
	林民雄	1865.5.-	高知	大学予備門?	ペンシルベニア大学	日本郵船専務
雛鳳館 (康弥)	大石広吉	1873.8.31	東京	1894 一高	1898 東京大学英法科	三菱商事常務
	桝本卯平	1873.-.-	宮崎	1895 一高	東京大学工科(造船科?)	三菱造船所技師長
	三谷一二	1871.10.22	広島	−	1896 東京高商	三菱鉱業会長
	末広恭二	1877.10.-	愛媛	1897 一高	1900 東京大学造船科	三菱造船所→東京大学教授
	坂本正治	1877.4.-	高知	−	1902 商船学校	日本郵船→三菱商事常務、岩崎家庭事務所副長
	藤野懿造	(不明)	広島	1900 一高	1904 東京大学応用化学科	三菱製紙所
	山岸慶之助	1879.5.5	東京	−	1899 東京高商	三菱商事常務→麒麟麦酒専務
	岩崎康弥	1882.7.10	東京/高知	−	英米留学	東京毛布取締役
	寺沢寛一	1882.7.-	山形	1905 一高	1908 東京大学→大学院	東京大学理学部教授
	青木得三	1885.2.-	秋田	1905 一高	1909 東京大学政治科	大蔵省主税局長
留学	長谷川芳之助	1856.1.22	佐賀		1872 大学南校→1875 米コロムビア大学	三菱合資本社副支配人兼尾去沢鉱山長、官営八幡製鉄所設立、衆議院議員
	荘清次郎	1862.2.18	長崎	1880 一高	1887 米エール大学	三菱合資管事
	和田義睦	(不明)	高知	1881 一高	1885 東京大学土木科	九州大学工学部講師
	林民雄	1865.5.-	高知	大学予備門?	ペンシルベニア大学	日本郵船専務
	岩崎久弥	1865.8.25	高知	−	1891 ペンシルベニア大学	三菱合資社長
	串田万蔵	1867.2.10	東京/群馬	−	1890 ペンシルベニア大学	三菱銀行会長、三菱合資総理事
	松方正雄	1868.5.7	東京/鹿児島	−	ペンシルベニア大学	福徳生命保険社長
	寺島誠一郎	1870.9.9	東京/鹿児島	−	1895 ペンシルベニア大学	伯爵・外務大臣秘書官、三井信託監査役
	倉場富三郎	1870.12.8	長崎	−	ペンシルベニア大学	

※『岩崎久弥伝』等より作成
※「高校」の一高は前身の大学予備門、旧制一中を含む

でゐ《い》た。塾監は桐島像一氏、教師は南摩綱紀《なんまつなのり》、杉浦重剛《すぎうらじゅうごう》氏で、先輩には大石広吉《おおいしこうきち》、三谷《みたに》一二《いちじ》、末広恭二《すえひろきょうじ》、桝本卯平《ますもとうへい》、同輩には藤野懿造《ふじのいぞう》、坂本正治《さかもとまさはる》、山岸慶之助《やまぎしけいのすけ》、青木得三《あおきとくぞう》、寺《てら》沢寛一《ざわかんいち》氏等がゐ《い》た」（『岩崎久弥伝』）という。

久弥のご学友にはやはり土佐出身者が多い。従兄弟の藤岡歓次を含め、五人（和田義睦、桐島像一、林民雄、坂本正治）がいる。三谷一二については「高商に在学当時、三菱から子弟の教育係として、信用のおける人物を推薦して欲しい、といふ《う》紹介依頼が学校当局に来た。温厚で勤勉な彼がその選に当つ《っ》たのだ」（『三菱コンツェルン読本』）という証言があるので、土佐出身者以外は大学・専門学校（東京高商・慶応義塾など）に推薦を求めたのだろう。

氏名が判明している一六人（岩崎兄弟を除く）のうち、一〇人が三菱に就職している。坂本正治が岩崎家庭事務所副長、藤野懿造が三菱製紙所、山岸慶之助が麒麟麦酒《キリンビール》専務など、分系会社というより縁故会社（岩崎家の個人事業として経営され、本社が直接関係しないもの）に関連する人物が多い。かれらは久弥に信頼されていたのだろう。

ちなみに、岩崎家子弟が皆学校を卒業したので、雛鳳館は一九〇七年に閉鎖されたが、久弥は子どもたちのために寄宿舎を用意し、その際の教育係には雛鳳館出身の寺沢寛一を指名したという（『岩崎久弥伝』）。

久弥の米国留学時代（一八八六～九一）には長谷川芳之助・荘清次郎が同行した。

　また、「当時ペンシルヴァニア大学その他に留学してゐ《い》た日本人で久弥が交《わ》はりを結んだのは松方正雄《まつかたまさお》、林民雄、寺島《てらしま》誠一郎《せいいちろう》、倉場《くらば》富三郎《とみさぶろう》、串田《くしだ》万蔵《まんぞう》、和田義睦等」（『岩崎久弥伝』）だという。松方は第四代総理大臣・松方正義《まさよし》の四男、寺島は元外務卿《きょう》・寺島宗則《むねのり》の長男で、ともに旧薩摩《さつま》藩出身である。林は土佐藩出身で雛鳳館の学友、倉場はトーマス・グラバーの子である。

　長谷川芳之助（一八五六〜一九一二）は肥《ひ》前唐津《ぜんからつ》藩出身で、大学南校（東京大学）卒業後、一八七五年に文部省留学生となり、米国コロムビア大学で鉱山学を修め、欧洲に遊学。七九年に帰朝し、大学教授になるところを豊川良平の推薦で八〇年に三菱に入社。高島《たかしま》炭坑検査役を経て八三年に吉岡鉱山長に就任（『岩崎弥太郎伝　下』）。八七年に本社副支配人兼尾《お》去沢《さりざわ》鉱山長になっているので、この間、久弥を米国に送り届けたのだろう。

　荘清次郎（一八六二〜一九二六）は肥前大村《おおむら》藩出身で、久弥の三歳年長。長崎医学校、東京一橋英語学校、大学予備門（後の旧制一高）を経て、一八八五年に東京大学法学部を卒業。なぜか岩崎家に気に入られ、弥之助に学資を出してもらって久弥の留学に随伴し、米国エール大学に入学した。帰朝後は三菱に入社し、管事に出世している。

　串田万蔵（一八六七〜一九三九）は商人の子として江戸に生まれ、父が取締役を務める第百十三国立銀行の小僧（丁稚《でっち》）として働き、共立学校（現・開成高校）夜間部から大学予備門に進んだ。一八八五年、ペンシルベニア大学に留学（『中公新書216　日本の銀行家』。『中公新書129　財閥』では「久弥の個人的親友でもあり、久弥とともに渡米」したと記している）。卒業後、現地の銀行に四年間勤めた後に帰朝し、第百十九国立銀行（のちの三菱銀行）に入った。三菱銀行が設立されると、串田は事実上の初代頭取となり、その後三菱合資総理事に出世した。

小弥太のご学友

四代目・岩崎小弥太は岩崎弥之助の長男として東京の神田《かんだ》区駿河台の岩崎邸で生まれた。東京女子師範学校附属幼稚園、学習院の予備科第六級（小学一年生）に入学。一八八九年に東京高等師範学校附属小学校（現・筑波大学附属小学校）に転校し、九一年に同校の中等科に進んだ。

中学・高校時代、小弥太は弟・岩崎俊弥《としや》、および岩崎家が学資を援助する学生たちと学寮生活に入った。学寮は初め牛込《うしごめ》砂土原町《さどはらちょう》にあったが、のちに駿河《するが》台鈴木町《だいすずきちょう》に移り、さらに岩崎邸のそばに新館を建てて移り住んだ。学寮は潜龍窟《せんりゅうくつ》と称した。一八九六年に旧制一高第一部（政治科）に入学し、九九年九月、東京帝国大学法科大学政治科に進学。翌一九〇〇年七月に中途退学し、英国へ留学した（一説には東大閥ができることを危惧して中退したともいう）。

○二年一○月ケンブリッジ大学ペンブローク・カレッジに入学。○五年九月に同校を卒業。翌○六年に帰朝して同五月に三菱合資副社長に就任した。一六年七月に四代目社長に就任した。

小弥太が中学・高校時代に起居した学寮の潜龍窟には「大学、高等学校に在学中の思想堅実、成績優秀な学生を選んで小弥太兄弟の指導に当らせた。これらの青年はかねて岩崎家が育英の趣旨を以て援助してゐ《い》る人々である。その中には木村久寿弥太、高橋要次郎《たかはしようじろう》、水田《みずた》政《まさ》吉《きち》、須藤伝次郎《すどうでんじろう》、斎藤謙、平田《ひらた》宗威《むねたけ》、島村足穂《しまむらたるほ》等があつ《つ》た」（『岩崎小弥太伝』）。

岩崎兄弟を除く七人中、三人が土佐出身（一人不明）で、五人が東京大学に進学（一人不明）。三菱に入った者は三人のみで、管事クラスに出世したのは木村ただ一人である。

小弥太の英国留学時の「交友には西脇済三郎《にしわきせいざぶろう》、今村繁三《いまむらしげぞう》、浜口坦《はまぐちゆたか》、大倉喜七郎《おおくらきしちろう》等があつ《つ》たが、いづ《ず》れも一二年前後したもので同期生ではなかつ《つ》た。また滞英中の友人には林雅之助《はやしまさのすけ》、松平恒雄《まつだいらつねお》、長島隆二《ながしまりゅうじ》、三好重道《みよししげみち》、菊池幹太郎《きくちかんたろう》等があり、一高時代の親友大久保利賢《おおくぼとしかた》も横浜正《しょう》金《きん》銀行の倫敦《ロンドン》支店詰として来英してゐ《い》た。また滞留中の三土忠造《みつちちゅうぞう》、高楠順次郎《たかくすじゅんじろう》とも親しくしてゐ《い》た」（『岩崎小弥太伝』）。

小弥太の親友として語られるのは潜龍窟人脈ではなく、圧倒的に一高・留学人脈である（留学時代の交友については宮川隆泰『中公新書１３１７　岩崎小弥太』に詳しい）。特に松平恒

主な経歴	備考
三菱合資総理事	
第一高等学校教授	
東京市役所	
東京瓦斯→宝田石油→日本石油社長	
三菱合資銀行部中之島支店長→百十銀行頭取	
日本セルロイド人造絹糸	
三菱合資社長	
旭硝子（AGC）創業社長	
三菱合資日本橋支店長	岩崎彦弥太（1895.9.15～）の小学校の同級生
東京大学名誉教授	
三菱社専務、三菱石油社長	大審院長・三好退蔵の嫡男
衆議院議員、大蔵・逓信・鉄道大臣	
ヤマサ醤油取締役、麒麟麦酒監査役	ヤマサ醤油の創業者一族
三菱銀行常務	
第一生命保険監査役、汽車製造取締役	姉は串田万蔵夫人
伯爵・旭硝子取締役	長男・忠雄は小弥太の養子
宮内大臣	子爵・元会津藩主の松平容保の四男
内閣総理大臣秘書官	桂太郎の女婿
横浜正金銀行頭取	大久保利通の末男、妻は高橋是清の娘
三菱合資社長	
西脇銀行頭取、太陽生命保険社長	
男爵・大倉組合名会社頭取	大倉財閥の創業者一族

【小弥太のご学友】

区分	氏名	生年月日	出身地	高校	大学・専門学校
潜龍窟	木村久寿弥太	1865.12.	高知	1887 一高	1890 東京大学政治科
	須藤伝次郎	1870.3.4	高知	–	1895 東京大学物理科
	高橋要治郎	（不明）	滋賀	1893 一高	1896 東京大学法科
	水田政吉	1873.7.16	石川	1896 一高	1900 東京大学応用化学科
	斎藤　謙	1873.10.-	大分	–	1899 東京高商
	島村足穂	（不明）	高知	1898 一高	1901 東京大学応用化学科
	岩崎小弥太	1879.8.3	東京／ 高知	1896 一高	1899 東京大学政治科入学、 1900 中退 →ケンブリッジ大学
	岩崎俊弥	1884.1.28	東京／ 高知	一高中退	1903 ロンドン大学応用化学
	平田宗威	（不明）			
留学	高楠順次郎	1866.2.-	広島	–	1894 オックスフォード大学
	三好重道	1871.2.15	東京／ 宮崎	–	1900 慶応義塾
	三土忠造	1871.6.25	香川	–	1897 東京高等師範文科→留学
	浜口　坦	1872.6.5	和歌山	–	1891 慶応義塾 1894 早稲田大学英語政治科 1902 ケンブリッジ大学
	菊池幹太郎	1874.9.28	栃木	–	1896 東京高商
	今村繁三	1877.1.-	東京／ 長野	–	ケンブリッジ大学
	林　雅之助	1877.10.-	東京	–	1900 ロンドン市立中央工大電気科
	松平恒雄	1877.10.-	東京／ 福島	1898 一高	1902 東京大学政治科
	長島隆二	1878.11.-	埼玉	1898 一高	1902 東京大学政治科
	大久保利賢	1878.10.	東京／ 鹿児島	1899 一高	1903 東京大学独法科
	岩崎小弥太	1879.8.3	東京／ 高知	1896 一高	1899 東京大学政治科入学、 1900 中退 →ケンブリッジ大学
	西脇済三郎	1880.12.23	新潟	–	学習院 →ケンブリッジ大学
	大倉喜七郎	1882.6.16	東京／ 新潟	慶応普通部	慶応義塾 →ケンブリッジ大学

※『岩崎小弥太伝』等より作成
※「高校」の一高は前身の大学予備門、旧制一中を含む

雄とは親しかったという。大久保利賢は「当時の友人三好重道、菊池幹太郎両氏は帰朝後（小弥太）君の勧めで三菱に入社された。その時両氏は私にも三菱入社を勧誘された」（『岩崎小弥太伝』）と語っている。三好は専門経営者としてはトップの三菱社専務に就任しており、菊池は「前歴は明らかでないが、三五歳の入社はかなり遅い。しかし銀行畑に転じてのち三菱銀行常務となり、四八歳で死亡しなければさらに上昇した人材と思われる」（「三菱合資会社の経営者層」）と高く評価されている。

岩崎彦弥太のご学友

岩崎小弥太の社長時代には、久弥の長男・岩崎彦弥太《ひこやた》が副社長を務めた。

岩崎彦弥太（一八九五～一九六七）は岩崎久弥の長男として生まれ、東京高等師範学校附属小学校、中等科、学習院高等科を経て、一九二〇年に東京大学文学部社会科を卒業。二二年に英国に留学、二六年に帰朝し、三菱合資副社長に就任した。

学生時代は二人の弟と龍岡町で学寮生活を過ごした。監督役は船田一雄《ふなだかずお》で、少なくとも六人の寮友がおり、三人が三菱に勤め、二人が医師、一人が外交官となった。

そのうちの一人・**槙原覚**《まきはらさとる》（一八九四～一九四二）は、岡山の貧農の子として生まれ、三菱から学資を得て東京高商専攻部を首席で卒業、三菱商事に入社した。水産部長兼ロンドン支

【彦弥太のご学友】

氏名	生年月日	出身地	高校	学歴	主な経歴
船田一雄	1877.12.7	愛媛	1899 五高	1906 東京大学独法科	検事
入交直重	1887.1.2	高知	–	1911 日本医科歯科医専→ジョージタウン大、ノースウェスタン大、ペンシルベニア大	日本歯科医専、東京女子歯科医専教授、東洋女子歯科医専付属病院長
槇原 覚	1894.3.1	岡山	–	1913 東京高商、1919 専攻部	三菱商事水産部長兼ロンドン支店長
原田道男	(不明)	(不明)	1916 一高	1919 東京大学政治科	三菱銀行
星 信一郎	1895.7.1	埼玉	1916 一高	1920 東京大学医科	皮膚科
岩崎彦弥太	1895.9.15	東京	学習院	1920 東京大学文学部→大学院→英国留学	三菱合資副社長
千葉蓁一	1896.6.27	東京	1917 一高	1920 東京大学仏法科	外務書記官、ポーランド・スペイン大使館
岩崎隆弥	1896.11.2	東京	学習院	1921 東京大学工学部	三菱製紙監査役、取締役、会長
岩崎恒弥	1898.5.7	東京	–	1920 東京高商→英国留学	東京海上火災保険取締役、常務
山崎周吉	(不明)	(不明)		(不明)	三菱製鉄

店長在職中に海難事故で死去。事故死しなければ、社長に昇進したといわれる。遺児・槇原稔《みのる》(一九三〇～二〇二〇)は岩崎寛弥《ひろや》(彦弥太の長男)の学友で、岩崎隆弥《たかや》の女婿となり、三菱商事社長となった。

第四節 一九四〇年の学歴構成

一九四〇年の学歴構成

ダイヤモンド社編『ポケット会社職員録 昭和十六年版』から、三菱財閥主要会社に掲載されている役員および幹部を集計した。

岩崎一族および社外取締役は集計から除き、役員兼任で重複している者はいずれかの企業に振り分けた。人数は二五三人。平均年齢は五〇・三歳(ただし、七人が年齢不詳)。最年長は七八歳の三菱電機相談役・武田秀雄《たけだひでお》、最年少は三菱信託係長・佐立八束の三〇歳である。

東京大学卒が圧倒的に多く、全体の四割弱（三七・二％）を占める。東京大学卒は九四人。うち理系が三七人、文系が五七人である。

理系は採鉱冶金科（もしくは採鉱科・冶金科）が圧倒的に多く一四人（すべてが三菱鉱業に配属）。次いで、造船科が一二人（すべて三菱重工業配属）。電気科が五人（一人を除き三菱電機）と続く。当然のことながら専攻学科と配属先に強い相関関係がある。一方の文系は独法科が一七人、政治科が一五人、英法科が一四人、商業科が五人、経済科が三人である。文系は理系ほど専攻学科と配属先に強い相関関係がない。

東京大学以外の帝大卒は、京都大学が一五人、九州大学が一人である。京都大学理系九人のうち五人、および九州大学一人は採鉱冶金科（もしくは採鉱科）ですべて三菱鉱業配属である。京都大学・九州大学卒は東京大学理系を補完する意味合いが強かったといえる。三菱鉱業で帝大理系二一人のうち、学科不明の一人を除く全員が採鉱冶金科（もしくは採鉱科・冶金科）である。かなり絞って採用していることがわかる。

東京大学卒に次ぐ第二勢力が、東京高商の六二人（二四・五％）である。三菱商事のデータは役員のみ掲載で、部課長クラスが算入されていないが、七人のうち、五人（七一・四％）が東京高商卒。三菱銀行でも四九人のうち、一七人（三四・七％）を占めている。なお、三

【三菱財閥における幹部社員の学歴構成（1940年）】

	三菱社	三菱海上火災保険	三菱銀行	三菱信託	三菱倉庫	三菱商事	三菱鉱業	三菱重工業	三菱電機	総計	(%)		
東京大学（理							15	18	4	37	14.6		
東京大学（文	7	8	12	13	6	1	3	6	1	57	22.5	37.2	
京都大学（理							5	1	3	9	3.6		
京都大学（文			4	1	1					6	2.4	5.9	
他帝大（理							1			1	0.4	0.4	43.5
東京高商	5	3	17	8	9	5	6	7	2	62	24.5		
神戸高商	1	1	1		4	1	1	3		12	4.7		
（他高商		1	1	2	4		1		1	10	4.0	33.2	
慶応義塾	1		10	5	3					19	7.5		
（他大学			1	5	7		1	11	2	27	10.7	18.2	
商業＋高卒		1	3	4	1			1		10	4.0		
中学＋不明	1	1		1						3	1.2	5.1	
総計	15	15	49	39	35	7	33	47	13	253	100.0		

※ダイヤモンド社編『ポケット会社職員録　昭和十六年版』、および興信録等より作成
※割合（%）以外の数字は人数を示す

菱銀行では慶応義塾卒が一〇人（二〇・四％）と第三勢力となっている。三菱財閥全体で慶応義塾卒は一九人なので、そのうち過半数が三菱銀行配属になっているのは「学閥」といってよいだろう。一方、慶応と並び称される私大の雄・早稲田大学は四人（一・六％）とまったく元気がない。慶応義塾が理財科（経済学部）を前面に出して経済方面に強かったのに対して、早稲田は弁論部が有名で政治やジャーナリズムに強かったので、その差が出たのだろう。

　東京高商以外の高商卒として、神戸《こうべ》高商の一二人、長崎高商の五人、他にも山口・小《お》樽《たる》・横浜《よこはま》・高千《たかち》穂《ほ》高商卒が存在する。神戸高商の一二人のうち四人、長崎高商でも五人のうち二人が三菱倉庫配属になっている。三菱

倉庫は文系卒のみ配属だが、東京大学卒の比率が低く（一七・一%）、それを高商卒で補っているのだろう。

採用試験の実態

三菱商事には東京高商卒、三菱銀行で慶応義塾卒、三菱倉庫では東京高商卒以外の高商卒が他の事例に比べて多いことが確認できた。ではなぜ、三菱財閥では一括採用を行っているのに、各社によって学歴に偏りが出てきたのだろうか。そもそも三菱財閥の一括採用とはどのように実施されていたのだろうか。

最も参考になるのが、三菱商事社長・**田部《たなべ》文一郎《ぶんいちろう》**（一九〇七〜二〇〇二）の証言である。田部は広島県に生まれ、一九三〇年に東京高商を卒業、三菱商事に入った。田部は在学中から東京高商広島県人会の世話役として財界人の間を飛び回っていたらしい。

「世話役の私は、昔の三菱本館にあった三菱鉱業の会長室にしょっちゅう出入りして三谷（一二）さんと親しくなっていたので、いよいよ卒業というとき、『自分は貿易会社で働きたい。三菱商事に願書を出しますので、よろしくお願いします』と、頼みに行った。『鉱業なら、私がうんといえばすぐ決まるが、君は鉱業よりやっぱり商事の方が向いとるな、そうしたまえ』といわれた。（中略）

第一次試験には、商大からだけでも一五〇人くらい来ていた。それほど希望者が多かった。それを三〇人に絞り、あとの一二〇人は第一次で落とされてしまった。第二次試験は、三菱商事だけでなく、三菱各社のトップ（当時は社長といわずに会長といっていた）が、みんなで面接をする。選考委員の顔ぶれは、三菱造船、いまの重工（会長）の浜田彪《たけし》、銀行（常務）の加藤武男、三菱地所（常務）の赤星陸治《あかほしりくじ》、三菱鉱業の三谷（会長）さん、三菱商事の高橋錬逸《れんいつ》筆頭常務、そのほか三菱信託など各社のお歴々である。私が試験場に入っていくと、三谷さんが非常にうまくやってくれて、『田部君、どうかね』と、非常に親しく話しかけて、三谷さんと相当親しいぞという印象を与えるようにしてくれた。そのため、私自身かたくならずに済んだし、ほかの人たちも、別にむずかしい質問はしなかった」（『幾山河』。三つめのカッコ書きは原文ママ）。

ポイントは以下の三つである。①本社一括採用といっても、学生は希望の企業を述べることができた（それが適《かな》うかどうかは別問題だが）。②分系会社のトップは当該企業の採用であれば、一存で決めることができた。③採用面接は各社の幹部が出席して決めていたことである。

役員は自社なら自由に採用できた

当該企業での採用については、三菱銀行頭取・日本銀行総裁を務めた宇佐美洵《うさみまこと》（一九〇一〜八三）の証言がある。宇佐美は東京府知事・宇佐美勝夫《かつお》の嫡男として生まれ、一九二四年に慶応義塾大学経済学部を卒業、三菱銀行に入った。宇佐美の母方の伯父《おじ》は三井銀行筆頭常務で日本銀行総裁・大蔵大臣を務めた池田成彬、叔母《おば》の夫は三菱銀行頭取の加藤武男《かとうたけお》であり、もともと金融界に近しい環境にいた。

宇佐美はまず池田に相談に行き、銀行への就職を勧められ、「池田の伯父は当時、三井銀行の常務をしていたが、『三井よりは三菱の方がいいだろう』と言った。（中略）加藤の叔父は、三菱銀行のやはり常務であった。池田のところを辞したあと加藤の方に行っていきさつを話すと、即座にいいだろうということになった」（『私の履歴書　経済人14』）と述懐している。宇佐美は明言していないものの、加藤が常務の権限として採用を一存で決めたことを示唆している。ちなみに、宇佐美の後任の三菱銀行頭取・田実渉《たじつわたる》（一九〇二〜八二。二六年東京大学経済学部卒）も加藤が採用を決めている（『回想　田実渉』）。

こうしたことから、三菱財閥は縁故入社が多いという風評が学生の間でも立ったらしい。一九二八年東京大学法学部卒で三菱鉱業セメント社長・日経連会長を務めた大槻文平《おおつきぶんぺい》（一九〇三〜九二）は、「三菱鉱業は当時、指折りの大会社で、東大法学部から五人採用するというので、友人と一緒にひやかしのつもりで試験を受けてみた。(中略)学生間では三菱は紹介がなければ採らないという評判があった。しかし、会社内に一人の知人もないのに私は採用になった」(『私の履歴書　経済人16』)と語っている。

三菱財閥では分割会社設立後も本社一括採用を維持していたが、トップが自社の採用を一存で決めることができ、他社の採用も三谷―田部の事例のように、有利に進めることができた。本社一括採用といっても、実際には各社で希望の人材を採用することが可能だったのだ。このことは各社固有の学閥を形成することを可能とした。

住友では国家観を問う。では三菱は?

住友財閥の項で後述するが、住友でも一括採用しており、採用面談ではよく使われる質問があった。すなわち、住友の利益と国家の利益が相反した際にどちらを取るか――である(住友の利益をあげた者は不採用になったという)。

これに対し、三菱財閥の経営陣が新入社員に寄せる関心はただ一つ。**奥村政雄**が岩崎「久弥社長に最初にお会いしたのは、私が三菱入社決定直前(一九〇六年)だった。そのとき私に酒はどのくらい飲むかと聞かれた」(『私の履歴書　経済人6』)。

その姿勢は三〇年経っても変わらなかった。一九三五年に東京大学経済学部を卒業し、三菱鉱業に入社。のちに新日本製鉄社長となった**斎藤英四郎**《えいしろう》（一九一一〜二〇〇二）は「鉱業の口頭試問で、私はある役員から『酒はどのくらい飲むか』と聞かれた」（『私の履歴書　経済人23』）と述懐している。こうした証言は他にも散見する。

一九一七年に東京大学独法科から三菱合資に就職した**秦豊吉**《はたとよきち》（一八九二〜一九五六）は、その著書の中で「査業部の大幹部江口《えぐち》（定条《さだえ》）、妻木《つまき》（栗造《りつぞう》）、三宅川《みやがわ》（百太郎）は、さながらに梁山伯《りょうざんぱく》に集る水滸伝《すいこでん》の人物といつ《っ》ては大げさであろうか。いずれも支那《しな》豪傑の寄合のようで、どうしてこんなに三菱は大酒飲みといわれる人物が揃つ《っ》ているのだろう。酒が飲めなければ、出世は出来んのか、と若く弱気の私どもは、疑わざるを得なかつ《っ》た事も事実である。東洋課というのは、中国に対する投資事業が中心であり、組織立つ《っ》た三菱の大組織の中で、最も異色ある一課であつ《っ》た。大体三菱の幹部は、三井に比べて酒豪揃いという定評はあつ《っ》たらしい」（『三菱物語』）と嘆いていた。「むかしは、酒の飲めないやつは三菱では重役になれない、と言われたもんだ」（『財界』一九六六年四月一五日号の座談会における荘清彦《きよひこ》の発言）というストレートな意見もある。

住友合資常務理事の川田順も「昔、三菱では社長へ年賀の社員に講談馬場大盃《ばばのおおさかずき》よろしくの大金杯が出された。『恐れながらそれがし、御遠慮は仕《つかまつ》りませぬ』と一気に飲み乾《ほ》せばお覚え芽出度《めでた》く辟易《へきえき》しようものなら『そんなことで仕事が出来るか』と呶鳴《どな》りつけられたさうだ。これは豪傑弥太郎の遺風にちがひない《い》」（『続住友回想記』）と語っている（馬場の大盃とは、大酒呑みの大名の相手をした奉公人が、それを機に出世した講談の演目）。

こうした逸話を紹介すると三菱は大酒呑みばかりを採用しているように思われがちだが、その一方で、一九四〇年に東京高商を卒業、三井物産に入社した八尋俊邦《やひろとしくに》によれば、「本当かどうかわからないが、学卒者の採用基準は三菱が成績順だったのに比べ、物産は意識して優等生をとらなかったという」（『私の履歴書　経済人27』）噂もあった。

第五節　各社に生まれつつある学閥

■第一項　三菱商事の高商閥

初期のOB・江口は商事の立役者

先述した通り、三菱商事では東京高商卒が多い。そもそも、三菱財閥がはじめて採用した東京高商卒は、一八九一年の**江口定条**（一八六五～一九四六）だったようだ。

江口は土佐藩出身で、一八八七年に東京高商を卒業し、同校教諭を務めていたが、一八九一年に三菱合資に採用された。江口は第百十九国立銀行を振り出しに、大阪・神戸・門司《もじ》という主要支店を任され、鉱業部を経て、一九一〇年に営業部長（のち専務理事）、三菱商事設立の立役者となり、一九二〇年には専門経営者のトップ・三菱合資総理事に就任している。一四年に東京高商のOB団体・如水会《じょすいかい》が設立されると、二五年に江口はその初代理事長に就任しており、高商OBの大物と目された。

三宅川会長豪快列伝

その後、一八九三年に三宅川百太郎《みやがわひゃくたろう》、九六年に三谷一二、森川鎰太郎《もりかわいったろう》が東京高商（本科）から三菱合資に入社。また、東京高商附属主計《しゅけい》学校から九三年に瀬下清《せじもきよし》、永原伸雄《ながはらのぶお》、九四年に川井源八《かわいげんぱち》が入社した。本科生の三人は江口の教え子だろう。

かれらの共通点は、まず第百十九国立銀行（一八九五年から徐々に三菱合資銀行部に業務を移管し、九八年閉鎖）に配属されたことである（川井は東京倉庫配属説がある）。銀行に残ったのは森川・瀬下のみで、川井は東京倉庫（三菱倉庫）を経て三菱電機、永原は神戸造船所（三菱重工業）、三谷は営業部を経て三菱鉱業、三宅川は三菱製紙所を経て営業部（三菱商事）へと散っていった。

三菱商事に移った**三宅川百太郎**（一九二一～三六、会長在任）は豪放磊落《ごうほうらいらく》な酒豪として知られ、東大閥を突き崩して出世街道を邁進《まいしん》した。

「三菱商事独立後の役員の多くは、明治後期の中国市場展開時の海外支店長経験者が就任していくことになるが、当初は東京帝大出身者がこれらの海外諸店のトップを任されていたところに、一橋出身の三宅川百太郎が先陣を切る形で食い込みを図っていったことが読みとれよう。三宅川百太郎は一八六九（明治二）年六月に伊予（愛媛県）今治に生まれた人物で、九二年に一橋を卒業している。一年志願兵を経て翌年に三菱に入り、最初は三菱銀行の前身である第百十九銀行に配属となった。彼の入社時、三菱では一橋出身者の初任給は二〇円であったが、彼はこれに憤慨して三〇円を要求し、初任給を二五円に引き上げてもらったという逸話を持つ。銀行時代には三菱合資支配人の荘田平五郎にかわいがられたという（中略）部長・支店長クラスにも目を転じると、東京帝大（いずれも法科）出身者が多数を占めるなか、上海・漢口の両店は一橋がおさえる等、このクラスでも帝大閥に一橋閥が食い込みつつあったことが知られる」（「戦前期商社業界における学閥形成」。カッコ書きは原文ママ）。

三宅川は漢口《かんこう》支店長に赴任すると、「早速、日本租界《そかい》の長江《ちょうこう》沿いに広大な敷地を買い占め、豪壮な社屋、社宅、工場、倉庫などを建設し、他社を驚かせた。業務としては鉱石運送のほか、石炭や日本製品の輸入はもちろん、中支（中部支那の略）奥地の桐油・胡麻《ごま》・雑穀・アンチモニーなどの買い出し、精選、輸出に手をつけ始めた。これはひとつの伝説のようになっているが、この時初めてキリンビールを三菱の手で中支の奥地に輸出した。しかもその初

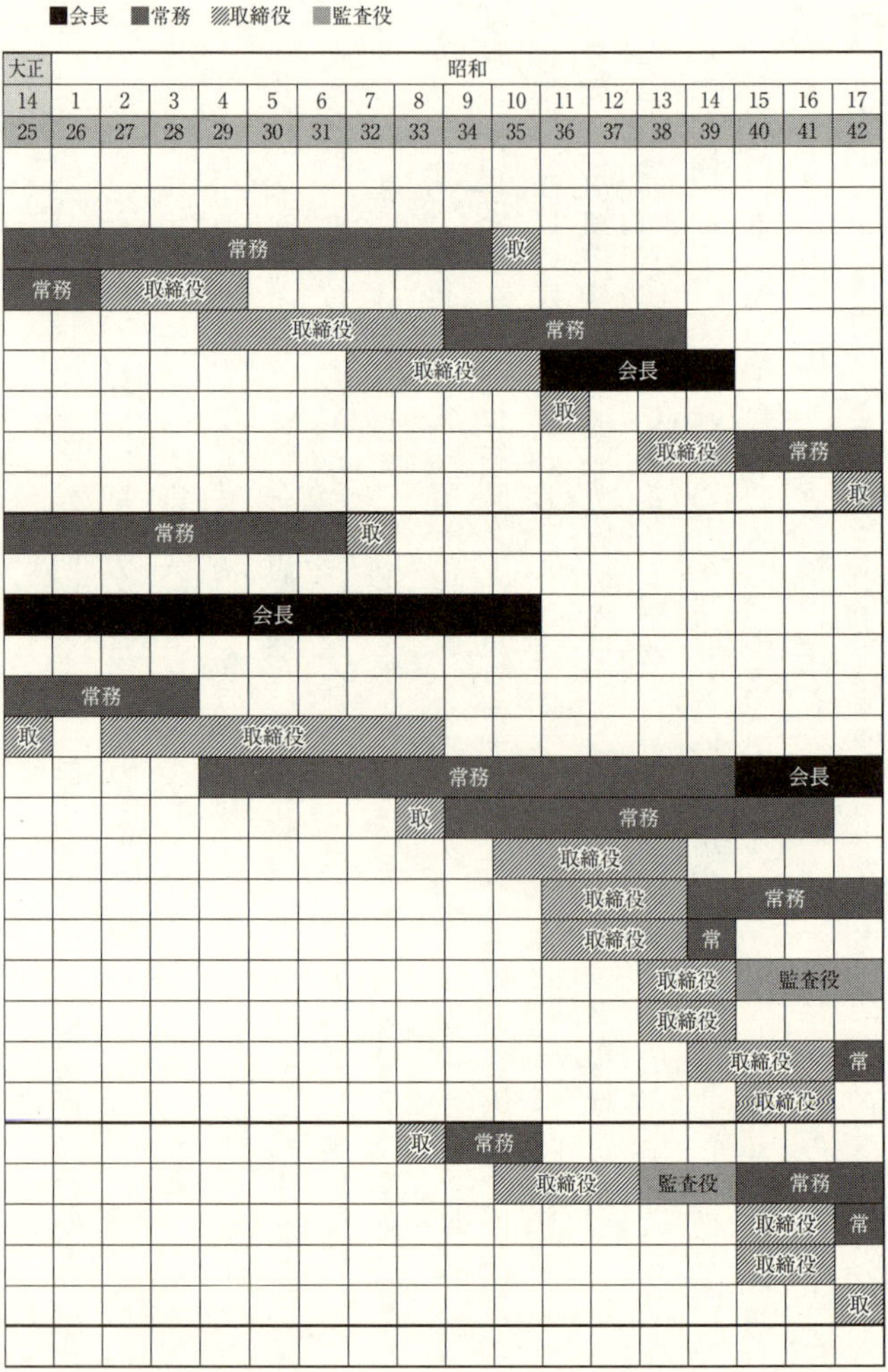

会長
常務
取締役
監査役
大正
昭和
14 1 2 3 4 5 6 7 8 9 10 11 12 13 14 15 16 17
25 26 27 28 29 30 31 32 33 34 35 36 37 38 39 40 41 42
常務 取
常務 取締役
取締役 常務
取締役 会長
取
取締役 常務
取
常務 取
会長
常務
取 取締役
常務 会長
取 常務
取締役
取締役 常務
取締役 常
取締役 監査役
取締役
取締役 常
取締役
取 常務
取締役 監査役 常務
取締役 常
取締役
取

【三菱商事役員の学歴】

<table>
<tr><th rowspan="3">氏名</th><th rowspan="3">出身地</th><th rowspan="3">高校</th><th rowspan="3">学歴内訳</th><th rowspan="3">生年</th><th colspan="7">大正</th></tr>
<tr><th>7</th><th>8</th><th>9</th><th>10</th><th>11</th><th>12</th><th>13</th></tr>
<tr><th>1918</th><th>19</th><th>20</th><th>21</th><th>22</th><th>23</th><th>24</th></tr>
<tr><td>大石広吉</td><td>東京</td><td>一高</td><td>東京大学英法科</td><td>1873</td><td colspan="2">常務</td><td></td><td></td><td></td><td></td><td></td></tr>
<tr><td>渋谷米太郎</td><td>山形</td><td>二高</td><td>東京大学英法科</td><td>1877</td><td></td><td>常</td><td></td><td></td><td></td><td></td><td></td></tr>
<tr><td>加藤恭平</td><td>東京</td><td>一高</td><td>東京大学英法科</td><td>1883</td><td></td><td></td><td></td><td colspan="4">常務</td></tr>
<tr><td>佐藤梅太郎</td><td>福岡</td><td>五高</td><td>東京大学政治科</td><td>1880</td><td></td><td></td><td></td><td></td><td></td><td colspan="2">取締役</td></tr>
<tr><td>早川茂三</td><td>東京</td><td>一高</td><td>東京大学政治科</td><td>1882</td><td></td><td></td><td></td><td></td><td></td><td></td><td></td></tr>
<tr><td>船田一雄</td><td>愛媛</td><td>五高</td><td>東京大学独法科</td><td>1877</td><td></td><td></td><td></td><td></td><td></td><td></td><td></td></tr>
<tr><td>野間恭一郎</td><td>愛媛</td><td>七高</td><td>東京大学独法科</td><td>1888</td><td></td><td></td><td></td><td></td><td></td><td></td><td></td></tr>
<tr><td>大久保繁雄</td><td>長崎</td><td>?</td><td>東京大学政治科</td><td>1886</td><td></td><td></td><td></td><td></td><td></td><td></td><td></td></tr>
<tr><td>飯野浩次</td><td>埼玉</td><td>一高</td><td>東京大学経済科</td><td>1892</td><td></td><td></td><td></td><td></td><td></td><td></td><td></td></tr>
<tr><td>高橋錬逸</td><td>長野</td><td></td><td>東京高商附属主計学校</td><td>1875</td><td></td><td></td><td colspan="5">常務</td></tr>
<tr><td>江口定条</td><td>高知</td><td></td><td>東京高商</td><td>1865</td><td colspan="7">取締役</td></tr>
<tr><td>三宅川百太郎</td><td>愛媛</td><td></td><td>東京高商</td><td>1869</td><td colspan="4">取締役</td><td colspan="3">会長</td></tr>
<tr><td>原田芳太郎</td><td>岡山</td><td></td><td>東京高商</td><td>1869</td><td></td><td>常</td><td></td><td></td><td></td><td></td><td></td></tr>
<tr><td>山岸慶之助</td><td>東京</td><td></td><td>東京高商</td><td>1879</td><td></td><td></td><td></td><td colspan="4">常務</td></tr>
<tr><td>永峰承受</td><td>大阪</td><td></td><td>東京高商</td><td>1877</td><td></td><td></td><td></td><td></td><td></td><td></td><td></td></tr>
<tr><td>田中完三</td><td>新潟</td><td></td><td>東京高商</td><td>1886</td><td></td><td></td><td></td><td></td><td></td><td></td><td></td></tr>
<tr><td>柳瀬篤二郎</td><td>愛媛</td><td></td><td>東京高商</td><td>1884</td><td></td><td></td><td></td><td></td><td></td><td></td><td></td></tr>
<tr><td>三島清一</td><td>鳥取</td><td></td><td>東京高商</td><td>1884</td><td></td><td></td><td></td><td></td><td></td><td></td><td></td></tr>
<tr><td>服部一郎</td><td>京都</td><td></td><td>東京高商</td><td>1889</td><td></td><td></td><td></td><td></td><td></td><td></td><td></td></tr>
<tr><td>寺田希次郎</td><td>新潟</td><td></td><td>東京高商</td><td>1890</td><td></td><td></td><td></td><td></td><td></td><td></td><td></td></tr>
<tr><td>松井清治郎</td><td>?</td><td></td><td>東京高商</td><td>1888</td><td></td><td></td><td></td><td></td><td></td><td></td><td></td></tr>
<tr><td>風間武三郎</td><td>山梨</td><td></td><td>東京高商</td><td>1890</td><td></td><td></td><td></td><td></td><td></td><td></td><td></td></tr>
<tr><td>鈴木四郎</td><td>東京</td><td></td><td>東京高商</td><td>1892</td><td></td><td></td><td></td><td></td><td></td><td></td><td></td></tr>
<tr><td>釘沢一夫</td><td>熊本</td><td></td><td>東京高商</td><td>1890</td><td></td><td></td><td></td><td></td><td></td><td></td><td></td></tr>
<tr><td>谷田友治</td><td>兵庫</td><td></td><td>神戸高商</td><td>1885</td><td></td><td></td><td></td><td></td><td></td><td></td><td></td></tr>
<tr><td>上野福三郎</td><td>京都</td><td></td><td>神戸高商</td><td>1887</td><td></td><td></td><td></td><td></td><td></td><td></td><td></td></tr>
<tr><td>小松繁</td><td>福岡</td><td></td><td>神戸高商</td><td>1890</td><td></td><td></td><td></td><td></td><td></td><td></td><td></td></tr>
<tr><td>吉武徳三</td><td>山口</td><td></td><td>神戸高商</td><td>1887</td><td></td><td></td><td></td><td></td><td></td><td></td><td></td></tr>
<tr><td>臼井経倫</td><td>山口</td><td></td><td>神戸高商</td><td>1892</td><td></td><td></td><td></td><td></td><td></td><td></td><td></td></tr>
<tr><td>坂本正治</td><td>高知</td><td></td><td>商船学校</td><td>1877</td><td></td><td colspan="3">常務</td><td>取</td><td></td><td></td></tr>
</table>

※『三菱商事社史　資料編』等より作成

荷が四ダース入四百箱という当時としては大量であった。（中略）この漢口の飛躍的発展は社内外の評判となり、三宅川さんの名声も三菱一の商売人として喧伝《けんでん》された。従って大正七年に三菱商事㈱が新設された時、（筆頭）常務には三宅川百太郎という期待が一般的であった。しかし、当時氏は（朝鮮）兼二浦《けんじほ》（の三菱）製鉄会社の常務として手が離せず、営業部長の大石広吉氏に落ち着いた。この大石さんと三宅川さんが大の親友で年配も似た所であった。（中略）

この大石さんが常務をわずか一年余で病気退社され、今度こそは三宅川さんと噂されたが、やはり製鉄が手放せず、大正十年に至って初めて十五年間の三宅川会長時代が始まった」（『田中完三翁　遺稿集　九十五歳の記』）。

三宅川は一九二一年から三六年まで三菱商事会長として君臨した。当然、三菱商事の採用人事は東京高商を優遇したに違いない。

ついでに愛媛閥

田部文一郎の述懐にもあったが、広島県出身者は三谷一二に頼った（この御仁に三菱就職の世話になったという証言は少なくない）。三宅川百太郎は愛媛県出身である。当然、三宅川が採用したり、抜擢したりというケースもあっただろう。三菱商事の歴代役員（岩崎家と社外役員を除く）三〇人のうち、愛媛出身者は四人（一三・三％）。しかも、三人の会長のうち、二人（三宅川と後任の船田一雄）が愛媛県出身である。トップの学閥や地縁が採用や昇進に与える影響は決して少なくないと思われる。

■第二項　三菱銀行の慶応閥

三菱財閥金融のキーマン・加藤武男

前身の三菱合資銀行部では東大閥と高商閥が拮抗《きっこう》し、慶応義塾ＯＢはいなかったが、一九四〇年の三菱銀行では東京高商の一七人（三四・七％）、東京大学の一二人（二四・五％）に次いで、慶応義塾が一〇人（二〇・四％）で第三勢力まで追い上げている。三菱財閥で慶応義塾卒は銀行以外は三菱信託に五人、三菱倉庫に三人、三菱社に一人なので、三菱銀行の偏重ぶりがうかがえる。

三菱商事のキーマンが三宅川百太郎だとすれば、三菱銀行には加藤武男がいた。

加藤武男（一八七七～一九六三）は栃木県で代々続く庄屋《しょうや》の家に生まれた。父・加藤昇一《しょういち》郎《ろう》は県会議員を経て日本醋酸《さくさん》製造（のち電気化学工業に吸収合併）を設立した実業家だった。

加藤は宇都宮《うつのみや》中学を経て、一九〇一年に慶応義塾大学部理財科を卒業。「自分は当時海外に行きたいと大いに希望していたし、(横浜)正金銀行に志望した。一方、三菱合資の銀行部に、豊川良平という慶応出身の偉い人が部長をしておられたので、学校から豊川さんにも推薦してもらい、両方の試験を受けた」(『各務鎌吉伝　加藤武男伝』)。両方受かったが、両親の意見に従って三菱合資銀行部に就職したという。

一九〇一年は三井銀行の中上川彦次郎が死去した年であり、それまで三井系企業が積極的に慶応卒の採用を進めていた。その煽《あお》りで三菱財閥ではほとんど慶応卒を採用できなかった可能性が高い。そのこともあり、加藤は豊川にかわいがられた。本店貸付係、神戸支店、大阪支店を経て、一五年に新設の京都支店長に赴任。そこで大活躍をして三菱内部のみならず、関西財界でも知られる存在となり、大阪支店長に転じた。

一九一九年に三菱合資銀行部を分離独立して三菱銀行が設立されると、加藤は満四二歳の若さで常務に抜擢され、会長・岩崎小弥太、筆頭常務・串田万蔵、常務・菊池幹太郎、瀬下清に続く、銀行のナンバー5となった(ちなみに菊池は加藤と同郷の栃木県出身)。

加藤は一九三八年に会長に就任したが、その前年に出版された『財界人物読本』で以下のように紹介されている。「ところで、この加藤であるが、彼は合資とも、また社長室会議とも表面は何らの関係もないが、岩崎一家からは非常に目をかけられてゐ《い》る男でつねに帷幄《いあく》(経営中枢)に参画してゐ《い》る。(三菱合資)社長(の岩崎)小弥太なども銀行の人事を相談する場合、串田や瀬下をさしおいてこの加藤に相談するといつ《っ》た風だ。（中略）三菱財閥の人の動きは、彼を中心として旋回するとまでいは《わ》れてゐ《い》るほどで、串田が辞めれば代つ《っ》て彼が合資入りをするだら《ろ》う」

加藤は特に小弥太に信任されていたようで、「合資の社長岩崎（小弥太）さんは、事業について精通しており、また見識をもっていました。しかし銀行の仕事についてはあまり関心がなく、三菱系企業が金融のことで会長のところへ頼み事をもっていくと『加藤君何とか考えてやってくれよ』といった調子でした」（『中公新書129　財閥』）。加藤は常務時代から主要な分系会社の社外監査役・取締役を兼務し、「六大銀行の重役のうちでこれだけ産業部門に関与してゐ《い》る者は日本では珍し」い（『財界人物読本』）といわれ、三菱銀行常務就任時に「三菱の分系会社公開の仕事も担当するために合資会社にも席を持っていた」（『各務鎌吉伝　加藤武男伝』）。つまり、加藤は三菱財閥の金融部門を実質的に一手に引き受けていた。

旧岩崎家の会社を拾い上げて行く

三菱財閥解体後、三菱本社代表清算人の石黒俊夫《いしぐろとしお》が、現役社長と旧本社長老の間を奔走して、現在に続く社長会「三菱金曜会」を結成。三菱グループの再結集の道筋を整えた。石黒は東京大学卒だが、もっとも頼みにしていた長老が加藤だった。石黒が新入社員としてスタートを切った三菱合資銀行部京都支店の支店長が加藤だった。石黒にとって、社会人としての初めての上司が加藤だったのだ。

さらに好都合なことに、戦後間もなく、旧本社の長老はバタバタと死去してしまい、加藤が最有力の長老になった。そして、戦後は金融が逼迫《ひっぱく》していたので、企業が成長するためには融資が必須《ひっす》条件で銀行の力は絶大だったが、三菱銀行のボスが加藤だった。実質的な三菱銀行の戦後第一号の頭取は千金良宗三郎《ちぎらそうざぶろう》、慶応義塾卒である。加藤にはアタマがあがらない。加藤は三菱財閥傘下の企業が離散することを憂え、再結集に尽力した。

その上、加藤は岩崎家からの信頼が厚かった。「三菱には戦前、戦中、岩崎久弥と岩崎小弥太の両家があって、共に号令をかけていた。この二人の実力が伯仲で一種緊張した関係にあり、当人同士は直接対話することができなかったのです。それで、二人の当主の間を行ったり来たりして、両家の調整役をしたのが加藤武男だったんですよ。その縁で、岩崎家に最も近い人間として、財閥解体後の三菱グループで発言力が強まった。戦後の彼は、解体された銀行を統合し、三菱商事も合併・復活させ、旧岩崎家の会社を一つ残らず拾い上げて行くんですよ。そのために、三菱銀行に巨額の融資をさせている。彼が本当に働いたのは、戦後、相談役として裏に引っ込んでからでしょう」（「OBの一人」の談話『週刊新潮』一九九〇年三月二日号。なお、銀行は解体されていないので、証言者の誤認だと思われる）。

加藤はアイデアマンではあったが、平素は奇抜なことはせず、他人の言うことをよく聞いて極めて順当な判断をくだした。そのため、三菱グループでの調整で支持された。加藤は一九六三年に死去するが、六五年に三菱グループでゴタゴタがあった際、三菱グループ首脳の一人は「こんなときに加藤武男さん（故人）、元三菱銀行頭取が、いてくれれば、はっきり始末をつけてくれただろうに……」とこぼしていたという（『エコノミスト』一九六五年六月二九日号）。

慶応閥のボス

加藤は血脈の上でもゴリゴリの慶応閥だった。福沢諭吉の甥・中上川彦次郎の女婿が池田成彬で、加藤は池田の妹婿なのだ。「池田成彬がその人物に惚込み、妹を夫人にもらつ《っ》てもらつ《っ》たといふ《う》のである」（『三菱コンツェルン読本』）。

池田は戦後間もなく死去したが、若い加藤は一九六三年まで生きながらえたので、戦後は慶応義塾の理事として塾長選出にも関与するほど、大物ＯＢとして君臨した。「愛塾心に富む加藤は、三菱系各社で役員が退任すると、後任には慶応出身者をできるだけもってくるよう政治力を発揮した。またその愛塾心は、二人の息子を慶応で学ばせ、娘は慶応出身者に嫁がせるほどに徹底していた。自身も母校をバックアップすると同時に、母校の人事にまで関与した」（『学閥の興亡』）。

　そんな人物に、「小弥太なども銀行の人事を相談する場合、串田や瀬下をさしおいてこの加藤に相談する」のだから、三菱銀行に慶応閥が形成されたのも不思議ではなかろう。そして、戦後の三菱グループで慶応閥が徐々に拡がっていったのはいうまでもない。

※ちなみに、二〇二一年に慶應義塾大学長に就任した伊藤公平《いとうこうへい》は、加藤武男の曾孫《そうそん》である。泉下の加藤が何より喜んでいるに違いない。

第六節　一九九九年の学歴構成

分析対象や使用資料

最後に現在の状況について附言しておこう。ただし、分析年次は一九九九年とする。「はじめに」でも述べたが、二〇〇〇年以降は三井と住友が合併したり、安田が「みずほ」に呑み込まれたりして、三井財閥や安田財閥の現在といえなくなってしまうからだ。

　また、使用する資料はダイヤモンド社編『会社職員録』二〇〇〇年版ではなく、『東洋経済別冊　役員四季報　2000年版』を使用した。継続性を考えれば、前者の方が適切なの

【三菱グループにおける役員の学歴構成（1999年）】

	東京三菱銀行	三菱信託銀行	三菱倉庫	三菱地所	三菱商事	三菱重工業	三菱製鋼	三菱電機	三菱化学	総計	(%)			1940年(%)	1999年との比較
東京大学（理）				2	3	6		1	4	16	5.8			14.6	-8.8
東京大学（文）	31	11	5	5	10	4		3	9	78	28.4	34.2		22.5	5.8
京都大学（理）						6		3		9	3.3			3.6	-0.3
京都大学（文）	2		1		2	1	1	1	1	9	3.3	6.5		2.4	0.9
九州大学（理）						8		1	1	10	3.6			0.4	3.2
九州大学（文）					1					1	0.4	4.0		0.0	0.4
他旧帝大（理）				2		2	1	4	3	12	4.4			0.0	4.4
他旧帝大（文）		4		1	1			2		8	2.9	7.3	52.0	0.0	2.9
一橋大学	7	3	2	3	4	1	2	1	3	26	9.5			24.5	-15.1
神戸大学	2						1			3	1.1			4.7	-3.7
東京工業大学						1		1	4	6	2.2			0.4	1.8
他国公立大学			3	7	1	6		2	1	20	7.3		20.0	5.5	1.7
慶応義塾大学	9	9	3	4	10	1	2	2	4	44	16.0			7.5	8.5
早稲田大学	1	3	3	1	6	1	2	3		20	7.3			1.6	5.7
その他私立大学		1	1	2		1	2	2		9	3.3			4.3	-1.1
海外ほか	1				2					3	1.1		27.6	3.2	-2.1
高卒・商業以下							1			1	0.4			4.0	-3.6
不明・記載なし										0	0.0		0.4	0.8	-0.8
総計	53	31	18	27	40	38	12	26	30	275	100.0		100.0	100.0	

※東洋経済新報社編『東洋経済別冊　役員四季報　2000年版』より作成
※割合（%）以外の数字は人数を示す

だが、後者の使いやすさを重視した。一九四〇年では部長・支店長・工場長以下も対象に含めたが、一九九九年では役員（執行役を含む）に限定した。戦後の役職インフレと対象企業の増加で、対象件数は戦前と大きな差がないのでご諒承《りょうしょう》願いたい。

三菱グループ企業というと、一般的には社長会「三菱金曜会」加盟メンバーを指すが、分系会社以外のキリンビール、東京海上火災保険、明治生命保険、戦後設立の三菱自動車工業、三菱建設を含んでいるので、対象を分系会社の後継会社に絞った。ただし、三菱石油は一九九九年当時、日本石油に吸収合併されてしまい（日石三菱）、三菱グループ会社とはいえないと思われたため除外した。また、三菱マテリアル（旧三菱鉱業）は役員の学歴を開示していないので、これも対象から除外した。

三菱グループ再結集を導いた同期生

終戦直後、三菱は財閥解体された後も有志が秘密裏に会合を重ね、再結集が訪れる日を虎視眈々と窺《うかが》っていた。

「三菱本社の清算人であった石黒俊夫氏が当時追放中の加藤武男、田中完三《たなかかんぞう》および岩崎家の社長の家系を汲む岩崎彦弥太の三氏に相談し、その指示をえて必要のつど三菱銀行の三階の一郭にあった石黒氏の事務室に各社社長を招集して指令を伝えるとともに、その対策を協議していた。『従って当時のその会合は定期的なものではなく、必要のつど集まったという程度のものであったが、その頃から一部社長の間で、たとい中心となる本社はなくとも、各社間に連繋を保ち相伴って社運の復興を計らんとする機運強く、占領下の当時は、指令により禁止されていたにも拘わらず、重工岡野保次郎《おかのやすじろう》、電機高杉晋一《たかすぎしんいち》、鉱業高木作太《たかぎさくた》、銀行千金良宗三郎、金属羽仁路之《はにみちゆき》氏と石黒氏が非公式に昼食を共にしたり、九段松濤《しょうとう》寮で碁会を開いたり等して、意志の疎通の具としていた』という」(『三菱――日本を動かす企業集団』)。財閥解体後の三菱グループは、旧財閥本社のトップ・マネジメントであるシニア経営者のグループ(加藤武男、田中完三、岩崎彦弥太)と、現役経営者のグループ(岡野保次郎、高杉晋一、高木作太、千金良宗三郎、羽仁路之)があり、後者と同世代でありながら旧本社役員だった石黒俊夫が、両者を介在する役割を担っていた。

ここで興味深いのが、石黒と岡野・高杉・高木・羽仁の五人が同期入社だということだ(岡野・高杉は茨城県の公立小学校の同級生である)。かれらが入社した一九一七年はまだ三菱合資での一括採用だった。しかも、石黒・岡野・高杉・羽仁は共に東京大学卒(高木は神戸高商卒)、石黒・高杉・千金良が銀行出身というように、共通の経歴を持っていた。岡野は石黒・高杉について「先輩の方々が追放になられてから後の同志としては、三菱本社の清算人となった石黒俊夫君、および小学校からの同級生で同じ時期に三菱電機の社長になった高杉晋一君で、三人は常に同志的な交遊をしました」(『昭和史への証言　第四巻』)と語っている。

なお、三菱グループは終戦後もしばらくは圧倒的に東大閥優位の時代が続き、旧制一高・二高の主導権争いが続いたといわれている。一九五三年に石黒俊夫が社長会「三菱金曜会」を結成してそのトップ(世話役、世話人代表)に就き、石黒以降も一九八〇年代までほぼ一高・二高出身者がその地位を独占していた。

東京大学は文系優位へ

一九九九年における三菱グループの学歴構成では、やはり東京大学卒が多く、三割半弱（三四・二％）を占めている。ただし、戦前（一九四〇年）に比べて文系が増えている反面、理系の減少が目立つ。

戦前の三菱重工業・三菱鉱業の幹部職員の過半数を東京大学卒が占めていた。これに対し、一九九九年では三菱重工業は四分の一強（二六・三％、一方、三菱マテリアル〔旧三菱鉱業〕は先述の通り対象外）に過ぎず、九九年で東京大学卒が過半数を占めたのは東京三菱銀行（五八・五％）。すべて文系である。三菱重工業の東京大学卒が減少した原因は東京大学理系の減少にあり、九州大学理系の躍進がある。九州大学理系は八人、東京大学理系、京都大学理系はともに六人で最大派閥だ。会長・増田《ますだ》信行《のぶゆき》（一九九五〜九九、社長在任）が九州大学工学部卒だからだろう。

戦前でもトップの学歴が役職員に影響する、いわゆる「学閥」形成の萌芽《ほうが》が感じられたが、戦後はその傾向がより顕著となった。たとえば、三菱地所には小樽商科大学卒の役員が三人（二一・一％）もいる。一九九九年に死去した元社長・中田《なかた》乙一《おとかず》（一九六九〜八〇、社長在任）

が同校の前身・小樽高商出身だからだ。社長・会長の出身校が役員に占める割合は、三菱グループが三二・四%、三井グループが三一・六%、住友グループが三一・〇%、旧安田財閥系企業で三一・九%だった。おおよそ三割が会長・社長と同じ学歴の役員なのだ。これは学閥といっていいだろう。

東京大学に次ぐ慶応義塾卒

東京大学卒に次ぐ第二勢力は慶応義塾卒である。一割半強（一六・〇%）を占め、戦前（七・五%）の倍以上に躍進している。特に多いのは、三菱信託銀行・三菱商事で、ともに役員の二割以上を占める（三菱商事では慶応義塾理系も存在する）。

前節で加藤武男の奔走ぶりを先述したが、さすがにこれは加藤一人の力によるものではない。慶応義塾卒の躍進は、三菱グループにとどまらず、四大財閥すべてにあてはまる。いわば時代の趨勢《すうせい》なのだ。

戦前は大学進学者が少なかったので、上流階層の子弟はよほどのおバカでなければ、東京大学・京都大学に進めた（終戦時の三菱・安田財閥の当主は東京大学、三井・住友では京都大学に在籍経験があった）。ところが、戦後は進学率の上昇とともに、旧帝大に進むことが難しくなり、代わって幼稚舎（小学校）からエスカレーター式に大学に進める慶応義塾が、上流階層の進学先として脚光を浴びた。上流階層出身者は、親戚《しんせき》・知人に同じく上流階層を多く持つので、営業職では重宝される。一九九九年でも慶応義塾卒の事例でもないが、東条英機《とうじょうひでき》の次男（東京大学工学部航空学科卒）は三菱重工業副社長まで進んだ。海外の要人が「トージョーの子息なら会ってみたい」といって会見をセッティングすることができたという。

早稲田・慶応と並び称される早稲田大学は、系列校の整備を怠っていたため、ここでも後《こう》塵《じん》を拝した。早稲田大学卒も大幅に増加している（一・六％→七・三％）が、まだ慶応義塾卒の半分にも満たない。

劣勢にさらされる高商卒

戦前の二番手だった東京高商卒は、戦後に一割を切り（九・五％）、戦前（二四・五％）から大幅に減少している。東京高商は少数精鋭を謳《うた》って、一学年でおおよそ一〇〇〇人強。対する東京大学は三〇〇〇人前後らしい。母数が少ないから、役員数が少ないという見方はできなくはない。

しかし、同じく高商を母体とする神戸大学卒（旧神戸高商卒）も大幅減（四・七％→一・一％）なので、「高商」というカテゴリーがなくなったことで、他の大学との差別化が難しくなっているのではないか。

【四大財閥の社長・会長学閥（1999年）】

		会長			社長			合計		役員			
	1999	学歴	人	(%)	学歴	人	(%)	人	(%)	人数	(%)		
三菱	東京三菱銀行	（同右）	−	−	東京大学	31	58.5	31	58.5	53			
	三菱重工業	九州大学	8	21.1	東京大学	10	26.3	18	47.4	38			
	三菱倉庫	東京大学	5	27.8	早稲田大学	3	16.7	8	44.4	18			
	三菱信託銀行	（同右）	−	−	東京大学	11	35.5	11	35.5	31			
	三菱商事	ハーバード大学	1	2.5	早稲田大学	6	15.0	7	17.5	40			
	三菱化学	東北大学	1	3.3	東京工業大学	4	13.3	5	16.7	30			
	三菱電機	−	−	−	京都大学	4	15.4	4	15.4	26			
	三菱地所	（同右）	−	−	慶応義塾大学	4	14.8	4	14.8	27			
	三菱製鋼	−	−	−	大阪大学	1	8.3	1	8.3	12	89	32.4	275
三井	三井倉庫	（同右）	−	−	慶応義塾大学	18	90.0	18	90.0	20			
	三井不動産	（同右）	−	−	慶応義塾大学	11	52.4	11	52.4	21			
	商船三井	東京大学	7	22.6	慶応義塾大学	9	29.0	16	51.6	31			
	三井信託銀行	東京大学	5	18.5	一橋大学	7	25.9	12	44.4	27			
	東レ	京都大学	6	18.8	東京大学	8	25.0	14	43.8	32			
	さくら銀行	神戸大学	5	11.6	東京大学	10	23.3	15	34.9	43			
	三井化学	東京大学	11	27.5	東北大学	1	2.5	12	30.0	40			
	三井金属鉱業	−	−	−	東京大学	6	25.0	6	25.0	24			
	三機工業	−	−	−	慶応義塾大学	5	20.8	5	20.8	24			
	三井生命保険	東京大学	4	16.0	神戸大学	1	4.0	5	20.0	25			
	三井鉱山	−	−	−	慶応義塾大学	3	17.6	3	17.6	17			
	三井造船	−	−	−	九州大学	5	23.8	5	23.8	21			
	三井海上火災保険	東京教育大学	1	4.0	一橋大学	2	8.0	3	12.0	25			
	三井物産	（同右）	−	−	京都大学	3	6.7	3	6.7	45	128	32.4	395
住友	住友化学工業	京都大学	7	25.9	東京大学	11	40.7	18	66.7	27			
	住友銀行	東京大学	11	28.2	大阪大学	6	15.4	17	43.6	39			
	住友電気工業	（同右）	−	−	東京大学	13	39.4	13	39.4	33			
	住友生命保険	京都大学	11	35.5	九州大学	1	3.2	12	38.7	31			
	住友重機械工業	京都大学	3	14.3	大阪大学	5	23.8	8	38.1	21			
	住友信託銀行	東京大学	6	18.8	京都大学	5	15.6	11	34.4	32			
	日本電気	（同右）	−	−	東京大学	13	33.3	13	33.3	39			
	住友石炭鉱業	−	−	−	東京大学	3	20.0	3	20.0	15			
	住友倉庫	（同右）	−	−	東京大学	3	16.7	3	16.7	18			
	住友金属工業	大阪大学	3	9.4	慶応義塾大学	2	6.3	5	15.6	32			
	住友金属鉱山	−	−	−	早稲田大学	2	10.0	2	10.0	20			
	住友商事	−	−	−	京都大学	2	5.4	2	5.4	37	107	31.1	344
安田	富士銀行	（同右）	−	−	東京大学	20	60.6	20	60.6	33			
	安田信託銀行	香川大学	1	3.7	東京大学	9	33.3	10	37.0	27			
	安田生命保険	法政大学	3	11.1	一橋大学	3	11.1	6	22.2	27			
	安田火災海上保険	法政大学	1	3.1	九州大学	1	3.1	2	6.3	32	38	31.9	119

三菱グループの場合、高商卒の減少を穴埋めしたのが東京大学以外の旧帝大卒（六・三％→一七・八％）だと思われる（換言するなら、旧帝大卒が高商卒のパイを奪った）。

高卒役員は絶滅危惧種

高卒以下は極端に少なく一人（〇・四％）、中卒以下・不明はいない。一九九〇年代に日東駒専（日本・東洋・駒沢・専修）が躍進したものの、従来、高卒を採用していた枠にそれら私立大卒を代替しただけといわれた。しかし、三菱グループでは早稲田・慶応以外の私立大卒は九人（三・三％）しかおらず、高卒の代替にすらなっていない。

第二章　三井財閥

第一節　三井財閥の歴史

三菱との違い

三菱と三井は同じく財閥として括《くく》られるが、その組織の成り立ちが全く異なる。
三菱財閥は三菱合資会社（のち三菱社、三菱本社）という巨大企業の事業部が分離独立して直系企業（三菱銀行や三菱商事、三菱重工業など）が設立されたのに対し、三井財閥ではまず個々の事業会社（三井銀行や三井物産など）が設立された後、それを統括するために持株会社（三井合名会社、のち三井本社）が設立されたのだ（ちなみに、住友は三菱型、安田は三井型である）。

こうした経緯があって、三菱財閥では直系企業を分離した後も財閥本社が一括採用して各社に割り振り、人事・給与でも各社で大きな差が付かないように留意していた。これに対し、三井財閥ではもともと各社が独立した存在だったので、採用も個別だった。そのため、三菱財閥では各社固有の学閥に偏りが比較的少なく、三井財閥では偏りが激しかった。

また、三井財閥は事実上の経営トップが誰であるかがわかりにくい。たとえば、住友財閥では、住友《すみとも》家の当主はほぼ経営に関与せず、専門経営者のトップである総理事が経営トップである。それは明治から昭和まで一貫している。これに対し、三井財閥の場合は、組織改編で経営トップの役職が変わり、かつ肩書きを見ただけでは事実上のトップであるかが判断しづらいケースが少なくない。抽象的な言い回しで申し訳ないが、以下に具体的に列記するので、ご参照いただきたい。

呉服店の分離と銀行・物産の設立

三井財閥は、江戸時代の富商・三井《みつい》家が明治維新後に財閥となったものである。

三井家は家政部門として大元方《おおもとかた》、事業部門に呉服店と両替店を持ち、京都・大坂・江戸に店を構えていた。明治維新後、三井は銀行業への進出を渇望していたが、明治政府の財務担当者・井上馨《いのうえかおる》から呉服店の業績不振を咎《とが》められ、祖業である呉服店を切り離せば、銀行への進出を認めるという無理難題を与えられた。井上はこれで三井が諦《あきら》めると踏んでいたのだが、一八七二年に三井家は一門から三名を分家させ、かれらに越後《えちご》屋呉服店（現・三越伊勢丹）を譲渡。形式上、三井家の財産から切り離した。そして、七六年に私盟《しめい》会社三井銀行（現・三井住友銀行）を設立。悲願の銀行業進出を果たした。

呉服店部門を切り離したため、三井家の事業部門は三井銀行のみとなった。仮に銀行が破産した場合には三井一族が路頭に迷ってしまうので、銀行の他に事業を興しておく必要があ

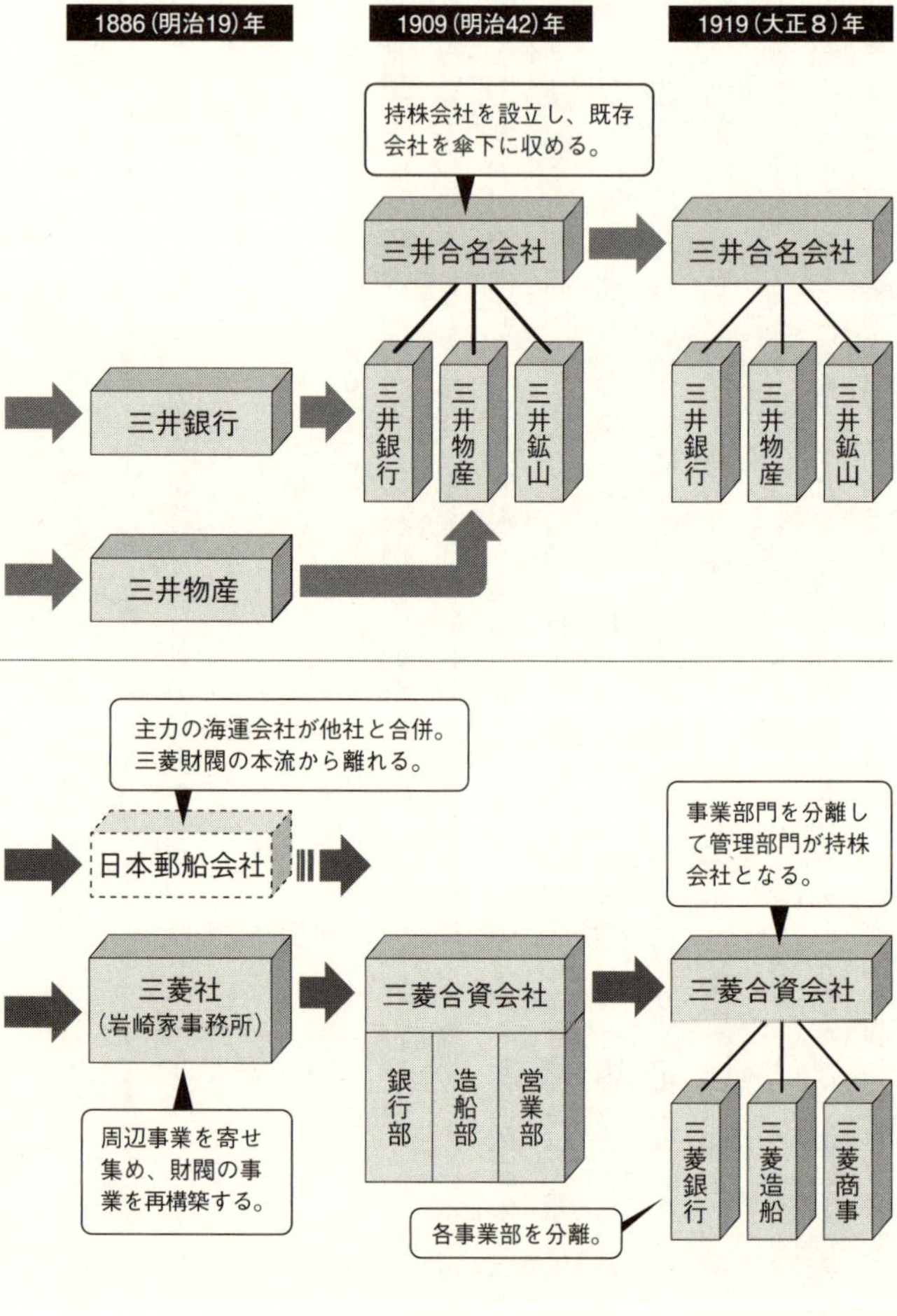
1886（明治19）年
1909（明治42）年
1919（大正８）年
持株会社を設立し、既存会社を傘下に収める。
三井合名会社
三井合名会社
三井銀行
三井銀行
三井物産
三井鉱山
三井銀行
三井物産
三井鉱山
三井物産
主力の海運会社が他社と合併。三菱財閥の本流から離れる。
日本郵船会社
事業部門を分離して管理部門が持株会社となる。
三菱社（岩崎家事務所）
三菱合資会社
銀行部
造船部
営業部
三菱合資会社
周辺事業を寄せ集め、財閥の事業を再構築する。
三菱銀行
三菱造船
三菱商事
各事業部を分離。

【三井と三菱の持株会社の違い】

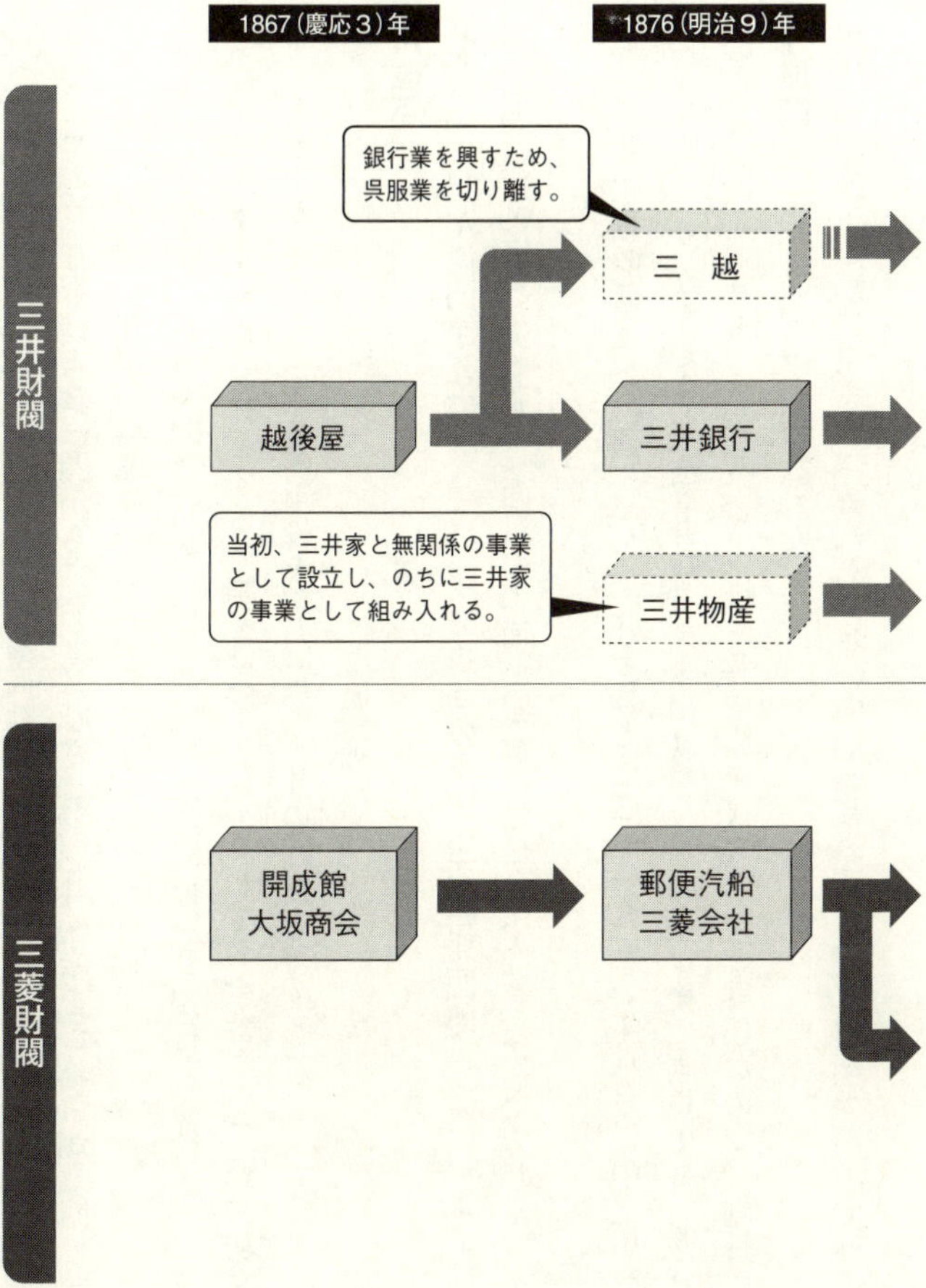

※出典：『三井グループの研究』

る。そこで、井上馨が過去につくっていた貿易商社「先収会社《せんしゅう》」を母体として三井物産を設立した。ここでも三井家はまた一門から二名を分家させ、三井物産をかれらが共同で興した会社として、形式上、三井家と無関係であるかのごとく装《よそお》った。

かくして、三井家は、家政部門を大元方が束ね、事業部門は三井銀行を本社とし、三越呉服店および三井物産を関連会社とする体制を構築した。そして、大番頭の三野村利左衛門《みのむらりざえもん》（一八二一～七七）が大元方と銀行の重役を兼ねて、三井の経営を差配した。

中上川改革

一八七七年に利左衛門が死去すると、生え抜きの番頭・西邑虎四郎《にしむらとらしろう》（一八三〇～九八）が副長（副頭取）に就任したが、生真面目《きまじめ》一本槍《やり》で銀行経営には不向きだったらしく、業績の低迷を招いた。

そこで、三井銀行の低迷を再建すべく、井上馨の推薦で一八九一年八月に中上川彦次郎（一八五四～一九〇一）が派遣され、三井銀行理事に就任。その半年後に副長に就いた。総長（頭取）の三井高保《たかやす》（一八五〇～一九二二）は三井一族を代表しての就任なので、副長の中上川が三井財閥の事実上のトップになった。

中上川は福沢諭吉の甥《おい》に生まれ、一八七一年に慶応義塾を卒業して留学。英国で外遊中の井上馨の信頼を得る。その後、井上馨が工部卿《こうぶきよう》（現在の経産大臣）になると、その推挙で工部省の役人となり、井上に付き従って外務省に転じ、公信局長に就任した。しかし、八一年に「明治一四年の政変」（大隈重信《おおくましげのぶ》が早期国会開設とイギリス流政党政治の実現を密奏し、政府内部の軋轢《あつれき》が深まった）が起こり、福沢諭吉の関係者が職を追われ、中上川も官を辞し、時事《じじ》新報社《しんぽうしや》社長や山陽鉄道《さんようてつどう》社長を歴任した後に三井銀行入りした。

中上川は不良債権の整理に着手し、三井の経営近代化を図った。そして、改革を推進する人材を確保するため、多くの学卒者（特に慶応義塾ＯＢや新聞記者出身者）を中途採用し、官《かん》尊民卑《そんみんぴ》の旧弊を改めるべく役人に引けをとらぬ高給で遇した。

その結果、それまで政商的だった三井の空気は一変する。三井銀行の不良債権の多くが政治家や有力者との癒着《ゆちやく》で回収不能となっていたが、中上川は学卒者出身の行員を差し向けて厳しく督促し、断固として回収した。

また、日本の近代化・工業立国に寄与すべく、三井銀行の融資で事業会社を手に入れ、学卒者を派遣して再建。工業化路線を積極的に推し進めた。しかし、中上川の工業化路線は、資産の保全を第一に考える三井家の批判を受け、晩年の中上川は孤立し、一九〇一年に不遇のうちにこの世を去った。

財閥直系企業の法人化

中上川は三井のカネを使って日本の産業を育成することを標榜《ひょうぼう》し、王子製紙（現在の王子ホールディングス）や鐘淵紡績《かねがふちぼうせき》（のちのカネボウ）などを手中に収めていたが、その多くは中上川の死後に三井の手を離れた。唯一、三井に残ったのが炭鉱《たんこう》事業だった。炭鉱事業は三井銀行より三井物産が執着していたからだ。

三井物産にとって官営三池《みいけ》炭鉱の産出する石炭の販売が主力事業だった。ところが、政府は資金を捻出《ねんしゅつ》するために一八八八年に官営三池炭鉱の民間払い下げを決定。他社に横取りされては困るので、三井物産は中上川を口説き落として三井銀行からカネを引き出し、八九年の払い下げに成功。九二年に三井鉱山合資会社に改組した。

また、一八九〇年に三井で営業店組織の再編成などの改革論議が持ち上がり、見かけ上、切り離されていた三井物産・越後屋呉服店が、九二年に三井家の財産に編入された（三井物産・越後屋呉服店の社主としていた三井の子弟を同族扱いに戻した）。こうして、三井に四つの事業（三井銀行、三井物産、三井鉱山、三井呉服店）が出揃い、九三年の商法施行にともない、これら四事業を合名会社に改組して法人化した。

また、一八九三年に三井同族の家政全般および三井家の事業経営を統轄する会議体として、三井財閥の最高意思決定機関「三井家同族会」を設置。三井大元方を「三井家同族会事務局」に改組してその下に配置した。さらに事務局に管理部を設け、三井家の事業を総合的に判断する体制にした。三井物産社長・**益田孝**（一八四八～一九三八）がその専務理事に就任。一九〇一年に中上川が死去すると、三井財閥の事実上のトップとなった。

益田は佐渡《さど》奉行所役人の子として生まれ、父が箱館《はこだて》奉行所に抜擢《ばってき》され、同所で英語を学んだ。一八六三年に幕府が欧州使節団をフランスに派遣すると、父に従って同行。幕府が倒れたため、帰国後に横浜で商売を始めたが、井上馨・五代友厚《ごだいともあつ》の推挙で大蔵省造幣局《ぞうへいきょく》に入った。その後、井上とともに下野《げや》して先収会社で貿易事業をはじめ、同社が三井物産になると初代社長に就任した。一八八〇年代、益田は紡績業の勃興《ぼっこう》を見越して紡績機械や棉花《めんか》の輸入に力を入れ、一八九〇年代には外国間売買で成功し、大きな利益を上げた。一九〇〇年代には三井物産の取引額は約二億円に達し、わが国貿易額の二割強を占めるに至った。

益田孝、三井合名会社を設立

三井の事業が大きくなると、合名会社は無限責任なので、たとい一社が破綻《はたん》しても、三井一族が被る損害額は莫大《ばくだい》なものになる。そこで、益田はリスクヘッジを考えて欧米の会社組織を視察。持株会社の導入に踏み切った。

一九〇九年に三井は持株会社・三井合名会社（以下、三井合名という）を設立（実際には、三井鉱山合名会社の定款を変更して三井合名に改称し、一一年に鉱山部門を切り離して三井鉱山株式会社を新設した)。その一方、三井銀行・三井物産を合名会社から株式会社に改組し、その株式を三井合名に移管した。これにより、三井家の事業部門は三井合名の支配下に置かれることになり、家政部門は引き続き三井家同族会が統轄した。

団琢磨の理事長就任

一九一四年に海軍を舞台とした艦船購入をめぐる贈収賄事件(シーメンス事件)が起き、三井物産首脳が辞任を余儀なくされた。社会的批判を受けて三井合名は機構改革し、三井鉱山専務理事を退任していた団琢磨《だんたくま》(一八五八〜一九三二)を理事長に選任。益田は勇退して相談役になった。

団は福岡藩士の子に生まれ、幼い頃から英邁《えいまい》の誉れ高く、旧藩主・黒田《くろだ》長知《ながとも》の海外留学に随伴して渡米した。団はマサチューセッツ工科大学で鉱山学を学び、一八七八年に帰国。大阪専門学校(旧制三高の前身)、東京大学理学部助教授を務めた後、八四年に工部省に移り、翌八五年に三池炭鉱に赴任。八九年の三池炭鉱払い下げに合わせ三井入りした。

それまで三池炭鉱は粗末な設備で採炭しており、団は幾度となく設備増強を建言したが、政府筋は取り合わなかった。しかし、三井の買収後、団の申し入れは受け入れられ、三池炭鉱は良質の石炭を大量に採炭できるようになり、三井のドル箱と化した。「あのヤマ（三池炭鉱）を三井は少し高く買ったが、団さん付きと考えれば安い買い物だった」といわれたほど、団の評価は高かった。

団は三井一族や益田が嫌がるようなことは避け、熟考を要するような案件は後回しにして「決めずの団」と呼ばれたが、鉱業・化学を中心に三井の工業化路線を推進した。しかし、財閥批判の中、一九三二年に団は右翼テロによって暗殺されてしまう。

池田成彬の財閥転向

団琢磨が暗殺されると、翌一九三三年に三井銀行筆頭常務・**池田成彬**（一八六七〜一九五〇）が三井合名筆頭常務理事（事実上の三井財閥のトップ）に就任した。また、三井家当主・三井八郎右衛門《はちろうえもん》高棟《たかみね》が引退し、子の**三井八郎右衛門高公**《たかきみ》（一八九五〜一九九二）が三井合名社長に就任した。

池田は財閥批判をかわすために「財閥転向」（財閥批判を鎮静化し、また軍需経済に対応するために財閥が行った改革）を実行した。三井一族を直系会社の役員から退任させ、財団法人三井報恩会を設立して社会貢献に努めることを発表。さらに批判が高かった三井物産の筆頭常務・安川雄之助《やすかわゆうのすけ》を更迭《こうてつ》することで、三井財閥への批判を和らげようとした。また、池田は高すぎる役員報酬を引き下げ、停年制を導入。一九三六年に自ら定めた停年制に従って退職した。

三井合名、三井物産に吸収合併される

池田の退任後、三井は自重をアピールする意味もかねて「英国風紳士」の三井物産会長・南条金雄《なんじょうかねお》（一八七三〜一九四八）を三井合名筆頭常務理事とした。

当時の三井財閥は深刻な事態に陥っていた。「財閥転向」による多額の寄付や戦時下による増税のため、三井合名の財務体質が悪化していたのだ。三井合名の若手職員は三井合名を株式会社化して株式を一部公開し、資金調達するプランを立て、その実現方法として、三井合名をいったん解散して新たに株式会社を作る「解散案」と、三井合名を既存の株式会社に合併させる「合併案」の二案を提案した。しかし、毒にも薬にもならない南条には決められなかった。一九三九年、南条が筆頭常務理事を退任。三井物産会長・向井忠晴《むかいただはる》（一八八五〜一九八二）が後任に選ばれた。

向井は生き馬の目を抜く物産マンの中でも群を抜いて優秀で、「記憶力抜群でかつ判断と決断が素晴らしい方であった。三井物産社長時代、左手で受話器を持ち、右手で手紙を書きながら平気で社員の報告を聞いて仕事を処理して居られた」（『向井忠晴追想録』）という伝説

が残っている。

早生まれの上に飛び級で、一九〇四年に満一九歳で東京高商を卒業、三井物産に入社。二〇年に三五歳で穀肥部長、二三年に三八歳でロンドン支店長に就任。向井はロンドン支店長を長く務め、三井物産のエリートコース・ロンドン人脈の頂点に君臨した。向井は三三年に四八歳で三井物産取締役、翌三四年に四九歳で三井物産常務に就任。三九年に五四歳で三井物産会長、および三井合名筆頭常務理事に就任し、三井財閥のトップとなった。

向井は懸案事項だった三井合名の株式会社改組を果断に進め、一九四〇年に子会社の三井物産が三井合名を吸収合併することで三井合名の株式会社化が実現した。本社機構と貿易部門を兼ね備えることになった三井物産は、本来、「三井本社」のような社名に改称すべきであったが、三井物産という社名を捨てることは適切でないとの判断があり、三井物産のままとした。

男爵家の小池から小学校卒の住井辰男へ

一九四三年九月、中国の山西省《さんせい》で日本商社の現地交易組合のヤミ商売が摘発された（山西事件）。普段から三井の自由主義を苦々しく思っていた軍部は、ここぞとばかりに三井物産に対する非難を強めた。すると、向井は責任を取ってあっさり辞任してしまい、却《かえ》って軍部

トップマネジメント						
就任まで	就任	退任	任期	就任年齢	退任年齢	履歴
7年	1873	1877	5年間	52歳	56歳	三井組通勤支配
	1877	1882	6年間	34歳	39歳	1871三井組支配役、1876三井銀行監事、1877総長代理副長、1882日本銀行創立事務御用掛、1886日本銀行理事
	1882	1892	11年間	52歳	62歳	大坂店勤務、1876三井銀行監事、1878副長、1882総長代理副長、1892監事、1893理事、1896離任
1年	1891	1901	11年間	37歳	47歳	1891三井銀行理事、1892副長、1893常務理事、1894専務理事(改称)
27年	1902	1914	13年間	54歳	66歳	三井物産専務理事、1902三井同族会管理部専務理事、1905副部長、1909三井合名顧問、1914相談役
26年	1914	1932	19年間	56歳	74歳	1894三井鉱山専務理事、1909三井合名参事、1914理事長
38年	1933	1936	4年間	66歳	69歳	1897三井銀行足利支店長、1904営業部長、1909常務取締役、1933三井合名筆頭常務理事
33年	1936	1939	4年間	63歳	66歳	三井物産大阪支店保険主任、機械主任、雑貨主任、大阪支店長、1913ロンドン支店長、1918常務取締役、1934会長、1936三井合名筆頭常務理事
35年	1939	1944	6年間	54歳	59歳	1923三井物産ロンドン支店長、1928営業部長、1933取締役、1934常務取締役、1937代表取締役、1939取締役会長、三井合名筆頭常務理事、1940三井総元方専務理事、1941三井総元方理事長
35年	1944	1944	1年間	59歳	59歳	三井銀行ニューヨーク支店長、外国営業部長、1934取締役、1935常務、1941三井総元方常務理事、1944三井本社常務理事
32年	1944	1944	1年間	61歳	61歳	三井鉱山砂川鉱業所長、三池鉱業所長、1936取締役、1938常務、1939会長、1944社長・三井本社常務理事
47年	1944	1945	2年間	63歳	64歳	三井物産京城支店長、取締役業務部長、常務、1941交易営団副総裁、1944三井物産会長→社長、三井本社筆頭常務理事

が慌てたという（向井はまだ還暦前だった）。

向井は常務・住井《すみい》辰男《ときお》（一八八一〜一九六二）を後継者として指名したが、住井は健康上の理由でこれを固辞し、三井銀行出身で三井信託会長だった小池《こいけ》正彪《まさとら》（一八八五〜一九六一）が（財閥本社の）三井物産会長となった。

この頃、兄弟会社である三井物産が、三井銀行・三井鉱山の親会社に位置する組織上の不都合が表面化し、持株会社・三井物産から本

【三井財閥のトップマネジメント】

氏名	役職	所属	出身地	出身学校	前歴	生年	入社	
							入社	年齢
三野村利左衛門	三井組大元方総轄 三井銀行総長代理　副長	銀行	出羽？ （山形県）	−	商家（紀伊国屋） 養子	1821	1866	45歳
三野村利助	三井銀行総長代理　副長	銀行	京都？	−		1843		
西邑虎四郎	三井銀行総長代理　副長	銀行	？	−	三井八郎次郎家 の家職	1830		
中上川彦次郎	三井銀行副長 三井銀行専務理事	銀行	豊後 （大分県）	慶応義塾	工部省→時事新 報社→山陽鉄道	1854	1890	36歳
益田　孝	三井家同族会 管理部専務理事	物産	佐渡 （新潟県）	−	幕府→自営→造 幣局→先収会社	1848	1875	27歳
団　琢磨	三井合名理事長	鉱山	筑前 （福岡県）	マサチューセッ ツ工科大学	三池炭鉱	1858	1888	30歳
池田成彬	三井合名 筆頭常務理事	銀行	出羽 （山形県）	慶応義塾→ ハーバード大学	時事新報	1867	1895	28歳
南条金雄	三井合名 筆頭常務理事	物産	群馬県	東京高商	帝国ホテル→米 国貿易商会→日 本海陸保険会社	1873	1903	30歳
向井忠晴	三井総元方理事長 三井物産取締役会長	物産	東京	東京高商		1885	1904	19歳
小池正彪	三井本社 常務理事	銀行	東京	東京大学 （法科）		1885	1909	24歳
川島三郎	三井本社 常務理事	鉱山	福岡県	東京大学 （採鉱科）		1883	1912	29歳
住井辰男	三井本社 筆頭常務理事	物産	三重県	小学校卒	港湾労働者	1881	1897	16歳

※出典：『三井グループの研究』

社機能と事業を分離する案が浮上。一九四四年三月、三井物産は貿易部門・木材工業部門を分離して、本社機構を純粋な持株会社として「三井本社」と改称し、貿易部門を三井物産、木材工業部門を三井木材工業とした。三井本社には小池が常務理事として残り、新生・三井物産には住井辰男をトップに据えた。

　しかし、三井財閥には、終戦に向かっていく難しい時代を物産マン抜きで切り盛りしていく力がなかった。

同一九四四年一二月に三井物産社長・住井辰男を筆頭常務理事に招聘《しょうへい》した。

小池は男爵家に生まれた東京大学卒。一方、住井辰男には全く学歴がない。「志摩半島南端の一漁村波切《なぎり》の小学校を卒業後、物産の中国修業生として香港出張所に、三池炭、積降《つみおろ》しのタリー（検数員）の一人夫《にんぷ》としておられた時、三井の大成功者、益田孝氏に認められ社員に登用された」（『三井物産　経験録集』）。つまり、小学校卒なのだ。

日清《しん》戦争後、朝鮮半島から中国にかけての市場が急増した。しかし、学卒者にも中国語スキルがなかったことから、三井物産は独自に中国語に精通した人材の育成を企図。小中学校卒者を香港《ホンコン》・上海《シャンハイ》・台北支店に送って人材育成に努めた。しかし、「香港支店では、修業生は語学研修を嫌い、むしろ、『社務』を他の従業員と同様に勤めたが」った（『三井物産人事政策史』）。唯一、語学上達を認められたのが住井だった。香港支店長が益田の女婿だったこともあり、住井は益田に名前を覚えられ、出世コースに引きあげられたらしい。

バラバラな学歴

三菱や住友では経営トップが東京大学卒に偏っているが、三井では東京大学卒が少なく、慶応義塾・東京高商卒が比較的多い。また、維新の危機をくぐり抜けた三野村は非識字者に近く、最後の専務理事・住井辰男は小学校卒の港湾労働者出身である。各社には多少の学閥があるものの、才覚があれば、抜擢される実力主義は三井の真骨頂といっていい。

ただ、一見、学歴はバラバラだが、中上川から池田までは留学・洋行組で、物産出身者は海外赴任経験が豊富ということを考えれば、グローバルな知見を持った人物がトップに登用されたという見方も出来る。

第二節　一九四〇年の学歴構成

一九四〇年の学歴構成

ダイヤモンド社編『ポケット会社職員録　昭和十六年版』から、三井財閥主要会社に掲載されている役員および幹部を集計した。

対象企業であるが、三井財閥の直系会社は意外に少ない。三井銀行・三井物産・三井鉱山の他は、一九二四年に設立された三井信託、二六年に買収された三井生命保険しかない。

のちに直系会社に分類される三井不動産・三井化学工業が設立されたのは一九四一年、三井船舶は四二年設立である。また、四二年に東神倉庫（一九〇九年設立）が三井倉庫、玉造船所（一九三七年設立）が三井造船に改称されているが、三井を冠していないことから、それまでは準直系会社だと考えられる。

三井一族および社外取締役は集計から除き、役員兼任で重複している者はいずれかの企業に振り分けた。人数は三五〇人。平均年齢は四七・五歳（ただし、八人が年齢不詳）。最年長は六七歳の元三井物産トップが二人（井上治兵衛《いのうえじへえ》、南条金雄）。最年少は三井生命保険東京支店長代理・久末季雄の三〇歳である。

学歴構成の特徴

一九四〇年における三井財閥の学歴構成の特徴は、以下の五点である。

①企業によって偏りが大きい。
②東京大学卒が多く、他の帝大を合わせると四割強（四〇・九％）に達する。特に多い三井鉱山では八割強（八〇・九％）が帝大卒である。
③三井物産では高商系が過半数を占めるが、財閥全体では意外に少ない（二二・六％）。
④他財閥に比べて圧倒的に慶応義塾卒が多い（一八・六％）。三井銀行では他財閥ではほぼ見られない青山学院卒がトップ（会長）に就任している。
⑤高卒・商業学校以下と見られる層は少ない（七・四％）。

以下、順にみていこう。

三井財閥においても東京大学卒が多い。三〇・六％にあたる一〇七人が東京大学卒である。

【三井財閥における幹部社員の学歴構成（1940年）】

	三井合名	三井物産	三井鉱山	三井銀行	三井信託	三井生命保険	総計	（%）		
東京大学（理	2		14			4	20	5.7		
東京大学（文	8	6	7	30	26	10	87	24.9	30.6	
京都大学（理		1	9				10	2.9		
京都大学（文	1		2	8	1	6	18	5.1	8.0	
他帝大			6			2	8	2.3		40.9
東京高商	4	30	2	9	4	4	53	15.1		
（他高商	2	7	2	5	4	6	26	7.4		22.6
慶応義塾	4	2		32	16	11	65	18.6		
（他大学	2	5	4	2	15	9	37	10.6		29.1
商業＋高卒	1	6				6	13	3.7		
中学＋不明	1	2	1	4	2	3	13	3.7		7.4
総計	25	59	47	90	68	61	350	100.0		

※ダイヤモンド社編『ポケット会社職員録　昭和十六年版』、および興信録等より作成
※割合（%）以外の数字は人数を示す

理系（工科・理科）と文系（法科）で分けると、理系が二〇人、文系が八七人で、文系が理系の四・五倍弱になっている（製造業が三井鉱山だけなのでしょうがないのだが）。

理系は採鉱冶《や》金《きん》科系（採鉱冶金科、採鉱科、冶金科）が六人、電気科が四人、化学科＋応用化学科が計三人、その他に土木科、医学部、農学部など。三菱財閥に見たような著しい学科の偏りはない。

文系は政治科二三人、独法科が二二人、経済科一五人、英法科が一一人、商業科五人、仏法科二人、分類不明が八人である。文学部社会学科が一人いる。新興の経済科の人数が比較的多いことが特徴といえるかもしれない。

東京大学以外の帝大卒として、京都大学が二八人、九州大学が六人、東北大学が二人存

在する。京都大学理系一〇人の内訳は、機械科四人、採鉱冶金科二人で、残りは採鉱科・工業化学科・電気科・電気化学科が一人ずつである。うち機械科一人が三井物産で、残りは三井鉱山所属である。九州大学は六人全員が理系で三井鉱山採用だが、採鉱冶金科・応用化学科が二人ずつ、機械科・電気科が一人ずつで、ここでも特定の学科に偏っていない。

一九四〇年の三菱鉱業で帝大理系卒は一五人で、うち一四人（九三・三％）が採鉱冶金科もしくは採鉱科・冶金科だった。戦前、三井鉱山が積極的に化学分野に進出し、三菱鉱業が遅れた背景にはそうした差があったに違いない。

東京大学に次いで多いのが慶応義塾卒の六五人（一八・六％）である。うち三二人は三井銀行所属で、三井銀行の三分の一強（三五・六％）を占める。かたや三井鉱山に慶応義塾卒はいない。

東京大学・慶応義塾に次いで多いのが東京高商の五三人（一五・一％）である。一九三七年の三菱でも東京高商が二四・三％だったので、決して多い数とはいえない。五三人のうち三〇人（五六・六％）が三井物産所属なので、三井物産に偏っているだけである。ちなみに三井物産の幹部職員五九人の過半数（五〇・八％）を東京高商卒が占めている。

なお、高商卒では東京高商以外が二六人おり、その内訳は神戸高商が一〇人、山口高商が七人、長崎高商・小樽高商が三人ずつ、大阪高商・名古屋《なごや》高商・大分高商が一人ずつである。

珍しいのが、三井物産の幹部職員に名古屋商業学校卒が五人もおり、常務二人を輩出していることだ（表では商業学校卒として掲載している）。その理由は定かではないが、三井物産は地方支店でも個別に採用しているので、中京圏では名古屋帝国大学（一九三九年設置）、名古屋高商（一九二〇年設置）の開校が遅かったため、名古屋で採用するならば名古屋商業学校（一八八四年設置）卒ということになったのかもしれない（旧制高校としては第八高校があったが、その卒業生は東京大学・京都大学に進学し、帝大卒でカウントされる）。

三井固有の特徴として青山学院卒が五人おり、三井銀行会長・万代順四郎《まんだいじゅんしろう》が該当する。なお、三井信託会長・松井和宗《まついわしゅう》は青山学院から東京大学文科大学選科に進んでいるので、東京大学文系に分類しているが、青山学院卒にすべきかもしれない。三社しかない金融機関の二社でトップを占めているのは特筆に値する（青山学院閥については第三節で述べる）。

また、東京外語卒が四人（うち二人は三井物産）いるのも珍しい。

第三節　慶応閥の三井銀行

三井銀行を慶応閥にした中上川改革

中上川改革で三井銀行では一気に学卒者がふえた。中上川の在任期間はおおよそ一〇年半に過ぎないが、中上川の死後も彼が採用した慶応義塾卒が事実上、三井銀行の経営を主導し、その体制は一九三七年まで続いた。

『明治期三井と慶応義塾卒業生』に掲載された人物を集計すると、中上川が三井銀行に採用した慶応OBは計一一一人に及ぶ。慶応OB以外も採用されているので、学卒者の採用人数はもっと多いだろう。

三井銀行の社史によれば、一九〇一年の男子事務行員は四七〇人なので、単純計算で四分の一弱（二三・六％）が学卒者によって占められたことになる。もっとも、後述するように、中上川採用の学卒者は各社に差し向けられており、その扱いが出向（銀行在籍のまま、他社に常勤）か、派遣（他社に転籍）かで計算も違ってくる（つまり、厳密にはわからない）。

いずれにせよ、量的に相当なインパクトのある採用だったことがうかがえる。しかも、中上川人事は、かれらに実務を担当させずに、いきなり支店長クラスに据えたのが特徴である。実務は丁稚《でっち》からの叩《たた》き上げに任せて、もっと高度な経営判断をするように仕向けたのだ。これは非常にうまいやり方だった。実務では非学卒者の方が優れているので、実務を習得する過程で学卒者がやる気を失ってしまい退社する事例が他社では散見されるからだ。

中上川の女婿で、のちに三井銀行のトップになる池田成彬は、大阪支店に派遣される際、中上川から実務をするなと念押しされている。「私は大阪にいけといわれたが、普通の社員

【三井銀行首脳】

会社名	三井一族			専門経営者			
	役職	氏名	就任	役職	氏名	学歴	就任
私盟会社三井銀行	総長	三井八郎右衛門高福	1876	総長代理副長	三野村利左衛門	–	1876
	総長	三井八郎右衛門高朗	1879	総長代理副長	三野村利助	–	1877
	総長	三井三郎助高喜	1885	総長代理副長	西邑乕四郎	–	1882
	総長	三井高保	1891	副長	中上川彦次郎	慶応義塾	1892
合名会社三井銀行				常務理事			1893
	社長	三井高保	1893	専務理事			1894
				専務理事	早川千吉郎	東京大学	1901
株式会社三井銀行	社長	三井高保	1909	筆頭常務			1909
	社長	三井源右衛門高堅	1920	筆頭常務	池田成彬	慶応義塾	1918
				取締役会長	菊本直次郎	慶応義塾	1934
				取締役会長	今井利喜三郎	慶応義塾	1936
				取締役会長	万代順四郎	青山学院	1937

※『三井銀行八十年史』より作成
※池田成彬は1909年常務取締役就任だが、早川が辞任した1918年を就任年とした

としていくことになった。ただ私がいく時に中上川から内命があった。『お前を大阪支店にやるが、向うへいくと支店長はお前に預金係長とか何とか仕事をさせるだろうが、それはやる必要はない。いい加減にしておけ。ただ、だいたい大阪というものについて観察をし、大阪支店のだいたいの動き方を見ておれ。つまらない仕事はしなくていい』――こういわれた」（『財界回顧』）。

三井財閥を飛び出す「中上川チルドレン」

西洋文明を直に見てきた中上川は、三井のカネを使って日本の産業を振興させようと考えていた。産業勃興期のメーカーが経営不振に陥ると、部下を送り込んで再建し、三井に取り込んでいった。

代表的な事例でいうと、鐘淵紡績の武藤山治《むとうさんじ》（一八六七～一九三四）、王子製紙の藤原銀次《ふじわらぎんじ》郎《ろう》（一八六九～一九六〇）、大日本製糖の藤山雷太《ふじやまらいた》（一八六三～一九三八）、三越呉服店の日比《ひび》翁助《おうすけ》（一八六〇～一九三一）などである。

ところが、中上川が死去し、三井財閥が中上川の工業化路線を否定すると、それら企業は三井から放り出され、中上川チルドレンも三井を離れてしまう。かれらは三井財閥と適度に距離を保ちながら、三井のシンパとして経済・財界活動を行った。こうした傍系会社の存在が三井財閥をより大きい存在に見せていた。

他社への派遣
1892 鐘淵紡績専務取締役、 1894 三井工業部理事／芝浦製作所、 1899 三越呉服店専務理事、 1902 王子製紙専務取締役
1897 三井物産横浜支配人、 1899 三越呉服店、富岡製糸所支配人
1893 前橋紡績所調査係長、 1907 共同火災保険専務
1907 桜セメント取締役、 1915 箕面有馬電気軌道社長
1898 三越呉服店副支配人
1896 鐘淵紡績本店副支配人、 1900 三越呉服店、 1902 富士瓦斯紡績、1905 専務取締役
1906 王子製紙専務取締役
1896 新町紡績所支配人
1894 芝浦製作所主任、 1896 王子製紙専務取締役、 1909 大日本製糖社長
1894 鐘淵紡績兵庫支配人、1908 専務取締役、 1921 社長
1897 富岡製糸所支配人、 1898 王子製紙、 1899 三井物産上海支店、1900 台北支店長、 1907 木材部長、 1911 王子製紙専務取締役、1920 社長
1907 箕面有馬電気軌道専務取締役

【中上川彦次郎の部下たち】

氏名	生年	学歴	前職	入行	銀行での略歴
朝吹英二	1849	慶応義塾	慶應義塾出版社、三菱商会、貿易商会	1892	（なし）
津田興二	1852	慶応義塾	新潟新聞社、時事新報社	1892	1893 大島製糸所、1894 富岡製糸所主任、1896 名古屋製糸所役員
村上　定	1853	慶応義塾	熊本新聞、神戸又新日報、山陽鉄道	1892	1894 抵当係長、1895 長崎支配人、1896 神戸支配人、1899 本店調査係長、1902 名古屋支店長
平賀　敏	1855	慶応義塾	宮内省	1896	1896 名古屋支店預金係長、1897 名古屋支配人、1899 大阪支店長
日比翁助	1860	慶応義塾	麻布飯倉天文台、モスリン商会	1896	1896 和歌山支配人、1897 本店副支配人
矢田　績	1860	慶応義塾	時事新報社、神戸又新日報、山陽鉄道運輸課長	1895	1895 本店庶務係長、1896 京都支配人、1899 横浜支配人、1904 名古屋支店長
和田豊治	1861	慶応義塾	日本郵船	1893	1893 本店貸付係、1894 横浜支店為替係長
鈴木梅四郎	1862	慶応義塾	時事新報社、横浜貿易新聞社	1894	1895 本店調査係、1896 調査係長、1897 横浜支配人、1899 神戸支配人
柳　荘太郎	1862	慶応義塾	時事新報社	1894	1899 赤間関支配人、1902 広島支店長、1907 長崎支店長
藤山雷太	1863	慶応義塾	長崎県会議員、県議会議長	1892	1893 抵当課長
武藤山治	1867	慶応義塾	広告社、イリス商会	1893	1893 神戸副支配人
藤原銀次郎	1869	慶応義塾	松江日報	1895	1896 深川出張所
小林一三	1873	慶応義塾	（新卒採用）	1893	1894 大阪支店、1897 名古屋支店貸付係、1900 大阪支店貸付係、1901 深川出張所貸付係、1903 本店調査係

※武内成『明治期三井と慶応義塾卒業生』等より作成

慶応閥に屈した東大OB・早川千吉郎

中上川彦次郎が死去すると、かねて中上川路線を苦々しく思っていた井上馨、益田孝は三井家同族会理事・早川千吉郎《はやかわせんきちろう》を三井銀行専務理事（同行の事実上のトップ）に転出させることを早々に決めてしまう。井上等は慶応OBが中上川の後任となり、中上川路線を継承することを危惧《きぐ》していたらしい。

早川千吉郎（一八六三〜一九二二）は加賀《かが》藩士の子に生まれ、旧制一高を経て一八八七年に東京大学法科を卒業。大学院で農民金融機関を研究した後、一八九〇年に大蔵省に入省。歴代大臣を補佐し、特殊銀行の設立計画を作成するなど敏腕を振るった。こうした活躍が井上馨に評価され、一九〇〇年に三井家同族会理事に推挙される。そして、翌一九〇一年に中上川彦次郎の後任として三井銀行専務理事に起用されたのだ。

ところが、慶応OBの中上川一派が、早川の専務理事就任を「ハイ、そうですか」とおとなしく認めるはずがない。

「支店長会議が開かれ、各地の支店長が東京に集まつ《つ》た。その会議が済んでから、藤山雷太《らいた》君（中上川彦次郎の義弟）が発起人になつ《つ》て、木挽《こびき》町の田中家（料亭）に支店長を集め、『早川というのはどんな人間かわからないが、苟《いやし》くも慶応義塾出身の者をどうこうすると言うのなら、我々は黙《だま》つて居《お》れない。早川を此処《ここ》に呼ぼうじや《ゃ》ないか』と言い出し、二、三十人酒を飲んでおるところに藤山は早川を呼び出したものです。そして、『今こういう話をして居るのだ。君は銀行の中上川のあとに座《すわ》つたが、この通り三井銀行は慶応義塾の人間が多い。これを君はどうする積《つも》りか？　やり方によつ《っ》てはそう簡単には行かんぞ』というようなことを言つ《っ》て、支店長達の大勢居《い》る前で直談判《じかだんぱん》をしたものです。すると早川のことだから、一も二もなく、『僕は元来《がんらい》役人で、銀行のことは知らないから、銀行のことはすべてお任せする。助けて貰《もら》いたい』」（『故人今人』）と懇請したという。

早川は慶応OBの前にたちまち白旗をあげてしまったのである。しかも、慶応OBの多くは王子製紙や鐘淵紡績などに派遣され、銀行中枢に居座っていたのは池田くらいだったから、池田成彬が銀行業務の主導権を握ることになった。

慶応閥本流・池田成彬登場

一九〇九年一〇月、三井銀行は株式会社に改組し、専務理事・早川と池田成彬・米山梅吉《よねやまうめきち》が常務取締役に選任され、早川が筆頭常務となった（非常にわかりづらいのだが、しばらくの間、三井銀行の事実上のトップは筆頭常務となる）。

一九一八年一月、早川は三井銀行筆頭常務を退いて三井合名副理事長に転じ、二〇年六月に辞任。翌二一年五月に南満洲鉄道（通称・満鉄）社長に転じた。早川の辞任により、池田成彬が筆頭常務に昇進。三井銀行のトップとなった。さらに、三二年三月、三井合名理事長・団琢磨が暗殺されると、翌三三年九月に池田は三井合名筆頭常務理事（事実上の三井財閥のトップ）に招聘された。

池田以降は慶応・青学閥

池田は三井銀行筆頭常務を退任。後任に慶応義塾ＯＢの菊本直次郎《きくもとなおじろう》（一八七〇〜一九五七）を指名。さらに池田は三井合名筆頭常務理事として「財閥転向」を指揮し、直系会社トップの三井一族を退任させ、専門経営者をトップに据えた。これにより、菊本が三井銀行会長に就任。名実ともにトップとなった。

一九三六年八月に菊本が退任し、同じく慶応義塾ＯＢの今井利喜三郎《いまいりきさぶろう》（一八七一〜一九四八）が会長に就任した。翌三七年に慶応義塾出身で千代田生命保険を設立した門野幾之進《かどのいくのしん》が社長を退任し、後任社長に今井が選ばれ、三井銀行を退職した。

今井利喜三郎の後任には、青山学院卒の**万代順四郎**（一八八三〜一九五九）が就任した。一九四三年に三井銀行が第一銀行と合併して帝国銀行になると、その初代頭取となった。終戦後の四六年一二月に退任している。

財閥には珍しい青学閥

三井銀行会長・万代順四郎は財閥経営者としては珍しい青山学院ＯＢである。一九四〇年のデータでは三井財閥の金融機関幹部に五人の青山学院ＯＢがいた。三井財閥における青山学院閥は、米山梅吉にはじまったと考えられる。

米山梅吉（一八六八〜一九四六）は大和高取《たかとり》藩士の子として江戸藩邸で生まれ、父の死後、母の実家・静岡県三島《みしま》に移住して村長・米山藤三郎の養子となり、学資を得て旧制沼津《ぬまづ》中学に進学。その後、東京英和学校（現・青山学院大学）に一八八六年に進学した。翌八七年に渡米し、ウェスレアン大学、シラキュース大学に学んだ。九五年に帰国。ペリー提督の伝記『提督彼理《ペルリ》』を出版し、その推薦文を書いた藤田四郎《ふじたしろう》（井上馨の女婿）の紹介で井上の推薦を受け、九七年一〇月に三井銀行に入行した。

翌一八九八年九月、中上川彦次郎は気鋭の若手行員三人を欧米視察に派遣したが、米山は池田成彬、丹幸馬とともに選ばれた。一八九九年に帰国し、一九〇二年に大阪支店次長に着任。〇九年一〇月、三井銀行が株式会社に改組すると、早川千吉郎、池田成彬とともに常務取締役に選任された。銀行のトップ三の一角に食い込み、池田と並ぶ三井銀行実力者の双璧《そうへき》と謳《うた》われた。米山は早川にかわいがられていたという。慶応ＯＢが蟠踞《ばんきょ》する中で、慶応以外の人材として、それを抑える期待があったのではないか。

一九二三年の信託法・信託業法施行にともない、翌二四年に日本初の信託会社・三井信託が設立されると、米山はその初代社長に就任する。米山は銀行の常務時代「外国為替と人事方面の担当」(『米山梅吉伝』)で、三井信託の初代社長だったことから、新卒採用で多くの行員と知己を有し、国際部門・信託部門で影響力を保持していたと考えられる。

なお、『米山梅吉伝』所収の追憶集にて、神戸《かんべ》豪太郎《ごうたろう》(旧制一高―東京大学独法科卒)が、自らを青山学院中等科卒であると披瀝《ひれき》している。つまり、中等科卒まで拡げれば、もっと青山学院OBがいたかもしれない。

採用の実態

中上川彦次郎は大量の慶応義塾等学卒者を採用したが、かれの死後、三井銀行の採用は様変わりしたと考えられる。大正期の三井銀行の採用がどのように実施されたかについては、採用する側、される側それぞれの証言がある。

まず、採用する側であるが、人事担当常務の米山梅吉が、一九一三年に採用の仲介を頼みに来た慶応義塾学生に採用の内幕を語った証言がある。「目下財界は不景気で銀行なども御《ご》多分《たぶん》に洩《も》れず新規採用は成る可《べ》く差控えたいと思つ《っ》ている。各大学、専門学校から精々《せいぜい》一名宛位（ずつくらい）採用することになるのではないかと思う。それには相当の成績で学校からの推薦を必要とする。慶応は山名《やまな》（次郎《じろう》・慶応義塾嘱託、のち評議員）という人が就職の世話をする事になって居るが先生ではないので、此《こ》の点、早稲田大学は学生に接触の深い田中穂積《たなかほづみ》（のち早稲田大学総長）という教授が斡旋《あっせん》しているから双方好都合のようである」（『米山梅吉伝』）。

次いで、採用される側では、万代順四郎、佐藤喜一郎《さとうきいちろう》、木暮武太夫《こぐれぶだゆう》の証言がある。ちなみに、万代は面接なしで採用、佐藤は縁故で入行希望した後に面接を受け、木暮のみ推薦も何もなく面接組である。

万代順四郎は一九〇七年に就職するにあたって、青山学院の「本多（庸一《よういち》）院長に相談したところ、三井銀行に就職することを勧められたという。なぜ三井銀行であるのか、万代には訳がわからなかった、と後年話していたそうだ。当時横浜支店長であった間島《まじま》（弟彦《おとひこ》。青山学院卒、渡米後に十五銀行に入行。一八九八年に米山の誘いで三井銀行に転職）に紹介状を書いてくれた。それを持って横浜支店を訪れている。成績優秀者でも銀行は生活困窮者の子弟は採用しなかった。もちろん苦学生も同じで、紹介すること自体が当時では異例のことだった。内容は破格のものであったという。ところがなかなか返事がなかった。漸《ようや》くにして決まったのは、卒業6カ月後の9月であった。（中略）横浜には空席がなかったため、米山（梅吉）が支店長をしていた大阪支店に入行することになる。米山は万代のことを薄々知っていた。あるとき、（青山）学院に代書を依頼したが、あまりに能書であったので尋ねたところ、万代という学生であると知らされていた」（『出会いの不思議』）。

佐藤喜一郎（一八九四～一九七四）は、一九一七年に東京大学英法科を卒業して三井銀行に採用され、戦後、社長（頭取）に就任した。「卒業が間近に迫って就職を決めようというとき、たまたま父の知り合いに三井銀行の人事を担当している米山梅吉さんと懇意な人がいて、三井には多くの人材が集まっているというので、私はその年の暮れ、米山さんの面接を受けた。三井銀行の採用が内定したのは翌年二月だった」（『私の履歴書　経済人8』）という。

木暮武太夫（一八九三～一九六七）は群馬県下有数の資産家の嫡男として生まれ、一九一七年に慶応義塾を卒業し、三井銀行に入行（佐藤喜一郎と同期）。のちに衆議院議員、運輸大臣、群馬大同銀行（現・群馬銀行）会長などを務めた。

「私は若い時から臍曲《へそまが》りで、幾分ひねくれ性であったことが禍《わざわい》となり、当時の慶応義塾の就職斡旋を辞退したと云《い》うと体裁《ていさい》がよいが、本当は学校の斡旋紹介を得られないままで三井銀行の試験に応じた次第でした。

震災前の煉瓦《れんが》造りの銀行の階上のうす暗い一室で、米山さんと対座して、試問を受けたのでした。恐らく、福田（秀五郎）文書課長の手許《てもと》で履歴書や成績を詮衡《せんこう》（＝選考）された後であったと思います。学校からの紹介が何故《なぜ》ないかときかれましたから、私は学校の推薦がなければ採用されないなら帰りますと、若い向《むこ》う見ずに申しました時でも、例の温顔で私を宥《なだ》めて下さつて卒業論文に対する質問やいろいろ訊《たず》ねて下されたことを今でも記憶して居ります」(『米山梅吉伝』)。

なお、米山は国際畑のボスでもあるので、「米山さんが洋行することになり、人事は池田(成彬・営業担当常務)さんが代行する」(『米山梅吉伝』)ことがあったという証言が多い。また、採用人数については、岡田豊が「大正十一年に東大を卒業して三井銀行に就職した人数は十二名位であつたと記憶する」(『米山梅吉伝』)と語っている。

まとめると、各大学・専門学校から推薦状を取り付けて、採用面接を行うことが一般的だが、場合によっては上層部の一存(面接なし)で採用する場合もあったようだ。面接は人事担当常務の米山が務めたが、米山が海外出張等で不在の場合は、その他の常務が代わったということだ。

いつから東大が擡頭したのか

三井「銀行は学閥とまで言えるかどうか分からないが、慶応出身者が多かったのは事実であったであろう。佐藤(喜一郎)さんは東大出身で、入行された頃、東大出身の役員はいなかった。後に小池正彪氏がなられたくらいなもの。役員はほとんど慶応出身であった。佐藤さんがボンベイ支店長の頃、親しい友人に話されたという。『俺は三井銀行にこのままいても、とても役員になる見込みはない』」（『三井銀行を築いた異色の経営者たち』）。

中上川が死去する一九〇一年まで、三井銀行には慶應義塾を中心とする学卒者が大量に採用された。その結果、三井銀行は慶応閥の会社となった。しかし、一九四〇年の学歴構成では、東京大学卒の人数（三〇人）が慶應義塾卒（三二人）に急迫している。一体、いつから東大閥が擡頭《たいとう》したのだろうか。経営史学者の粕谷誠《かすやまこと》氏によると、一八九九年以降に三井銀行が正規に採用した人数は一三一三人で、うち慶應義塾が三三五人（二五・三％）、東京大学が二七〇人（二〇・五％）で、両校でほぼ半分を占めている。そして、これに次いで採用数が多いのが、東京高商の八四人（六・四％）、青山学院の七〇人（五・三％）だという（『戦前日本のユニバーサルバンク』）。

つまり、中上川の死後、三井銀行は慶應義塾と東京大学からほぼ同数を採用していたため、徐々に両校の幹部数が拮抗《きっこう》するようになっていったのだろう。

ただし、佐藤喜一郎が諦《あきら》めてつぶやくほど、東京大学卒が役員になるまでの道のりは長かった。三井銀行が株式会社に改組して三常務制を採って以降、しばらくの間、常務は慶応・青山学院・その他（東京大学他）の学閥に三分されていたようだ。早川千吉郎が取締役を退任して以降、その他学閥のポストは同志社卒の亀島広吉《かめじまこうきち》が占拠しており、亀島が停年制で退

【三井銀行正規採用者数】

区分	学歴	人数	（%）	1940年の幹部 人数	1940年の幹部 （%）	1940年の幹部 （±）
帝大	東京大学	270	20.6	30	33.3	12.8
	京都大学	62	4.7	8	8.9	4.2
高商	東京高商	84	6.4	9	10.0	3.6
	小樽高商	48	3.7	1	1.1	-2.5
私大	慶応義塾	335	25.5	32	35.6	10.0
	青山学院	70	5.3	1	1.1	-4.2
	早稲田	62	4.7	0	0.0	-4.7
–	その他	382	29.1	9	10.0	-19.1
		1313	100.0	90	100.0	

※採用数は『戦前日本のユニバーサルバンク』より作成

くまで、東京大学卒には廻《まわ》ってこなかった。

佐藤喜一郎は一九一七年入社なので、入社の翌年に早川千吉郎が常務を退任し、小池正彪が常務に就任するまでの一七年間、東京大学卒の常務は登場しなかった。その間、東京大学卒の出世は監査役止まりだったので、佐藤が諦観《ていかん》するのも無理はない。

また、中上川の大量採用の反動で、三井銀行は一九〇一年から〇七年まで新卒採用を極端に絞ったという（『戦前日本のユニバーサルバンク』）。小池は〇九年卒業なので、東京大学卒の行員が育っていなかったのかもしれない。

一方、一九三七年に会長を退任した今井利喜三郎は、中上川時代の採用組である。中上川彦次郎の人事戦略は、かれの死後も三十数

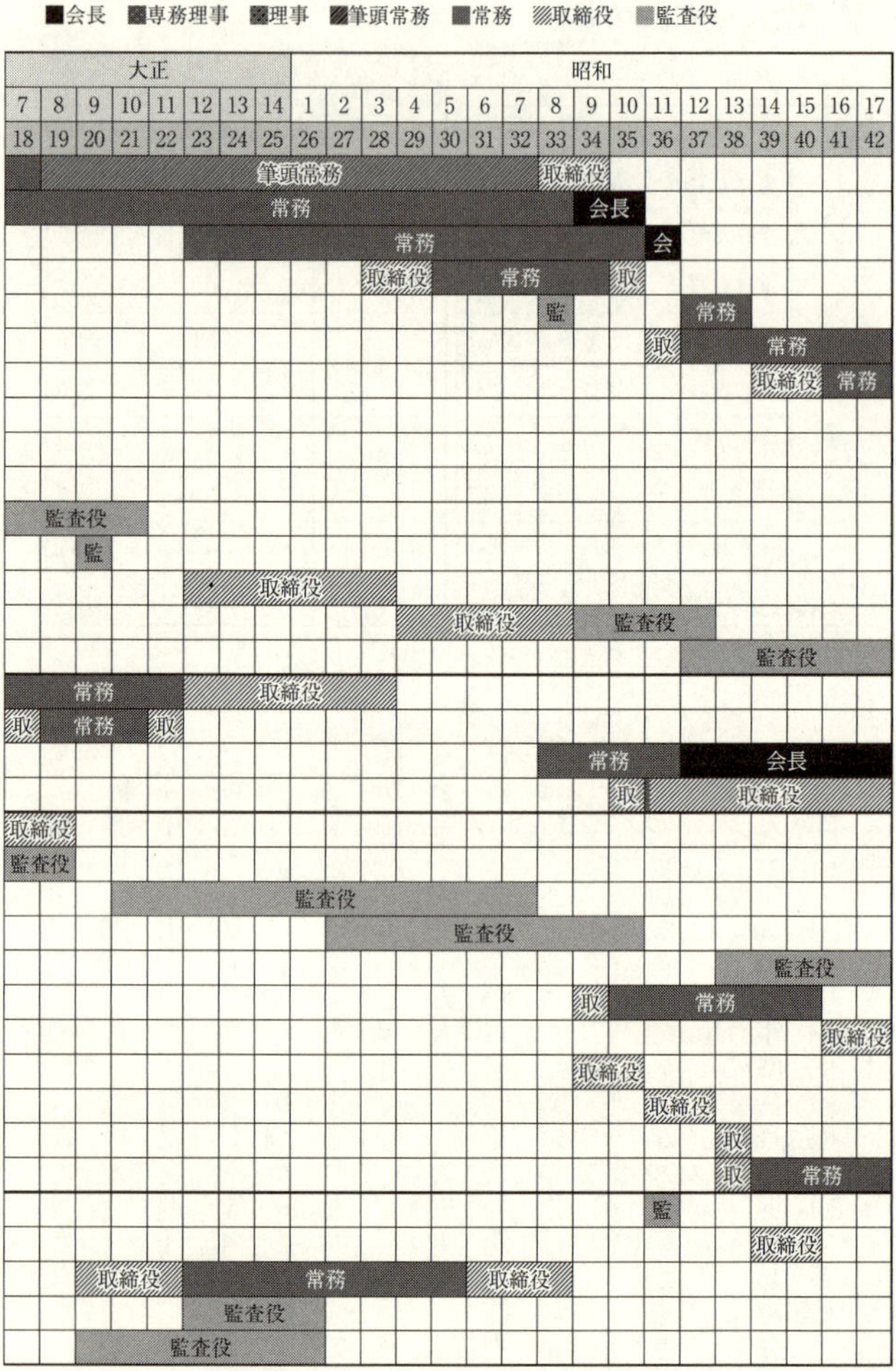

■会長 ■専務理事 ■理事 ■筆頭常務 ■常務 ▨取締役 ■監査役
大正
昭和
7 8 9 10 11 12 13 14 1 2 3 4 5 6 7 8 9 10 11 12 13 14 15 16 17
18 19 20 21 22 23 24 25 26 27 28 29 30 31 32 33 34 35 36 37 38 39 40 41 42
筆頭常務 取締役
常務 会長
常務 会
取締役 常務 取
監 常務
取 常務
取締役 常務
監査役
監
取締役
取締役 監査役
監査役
常務 取締役
取 常務 取
常務 会長
取 取締役
取締役
監査役
監査役
監査役
監査役
取 常務
取締役
取締役
取締役
取
取 常務
監
取締役
取締役 常務 取締役
監査役
監査役

【三井銀行役員】

			明治											大正					
			34	35	36	37	38	39	40	41	42	43	44	1	2	3	4	5	6
氏名	生年	学歴	1901	02	03	04	05	06	07	08	09	10	11	12	13	14	15	16	17
池田成彬	1867	慶応義塾									常務	常務	常務	常務	常務	常務	常務	常務	常務
菊本直次郎	1870	慶応義塾																	
今井利喜三郎	1871	慶応義塾																	
見城重平	1876	慶応義塾																	
乳井龍雄	1879	慶応義塾																	
松田暢	1886	慶応義塾																	
大矢知昇	1893	慶応義塾																	
小野友次郎	1864	慶応義塾									監査役	監査役	監査役	監査役	監査役	監査役	監査役		
矢田績	1860	慶応義塾															監		
波多野承五郎	1858	慶応義塾	理事	理事	理事	理事	理事	理事	理事	理事				監査役	監査役	監査役	監査役	監査役	監査役
金塚仙四郎	1865	慶応義塾																	
門野錬八郎	1868	慶応義塾																	
山崎吉次郎	1873	慶応義塾																	
外山知三	1879	慶応義塾																	
森忠雄	1886	慶応義塾																	
米山梅吉	1868	青山学院									常務	常務	常務	常務	常務	常務	常務	常務	常務
間島弟彦	1871	青山学院																	
万代順四郎	1883	青山学院																	
松井和宗	1882	青山学院																	
早川千吉郎	1863	東京大学	専務理事	専務理事	専務理事	専務理事	専務理事	専務理事	専務理事	専務理事	筆頭常務	筆頭常務	筆頭常務	筆頭常務	筆頭常務	筆頭常務	筆頭常務	筆頭常務	筆頭常務
林健	1864	東京大学									取締役	取締役						監査役	監査役
山本亀光	1870	東京大学																	
下田守蔵	1875	東京大学																	
東忠雄	1884	東京大学																	
小池正彪	1885	東京大学																	
佐藤喜一郎	1894	東京大学																	
江藤得三	1878	東京大学																	
林原兼賢	1883	東京大学																	
竹内福蔵	?	東京大学																	
秋山信	1889	東京大学																	
渡辺省二	1886	東京高商																	
宇佐美力	1884	東京高商																	
亀島広吉	1867	同志社																	
二宮峰男	1872	同志社																	
杉山虎雄	1871	(不明																	

※『三井銀行八十年史』より作成
※三井一族、および明らかに社外役員と思われる人物を除く

年間にわたって影響を与えていたのである。

三井銀行における学歴と昇進

粕谷誠氏が三井銀行で昇進にあたえる学閥の影響を詳細に分析しているので、少し長いが引用しておこう。

「三井銀行では学歴によるトラックの区分がおこなわれていた。正規採用と見習出身では昇進・担当する職務・転勤などに大きな差があった。また正規採用者の中でも4大学（東京大学・京都大学・東京高商・慶応義塾）出身者と正規その他で差があった。（中略）

昇進については、見習出身者で次長に昇進する者はきわめて稀であり、店長に昇進する者はいないという厳然とした格差が存在した。正規採用者の中でも4大学出身者と正規その他では、次長以上に昇進できる者の比率に格差が存在した。しかし昇進スピードには教育期間の差を考慮に入れると大きな格差は認められなかった。

また4大学出身者の内部でも昇進スピードには大きな格差が存在していた。職務経験では貸出の経験のある者の昇進の割合が高く、『花形』の職場といえた。さらに係長に早く就任すれば、次長にも早く就任し、次長に早く就任すれば、店長に早く就任するという傾向は存在したが、係長と店長の間の関係はかなり弱くなっており、競争の『仕切り直し』がおこなわれていた。

4大学出身者で20年勤続しても次長になれない者は3分の1ほどおり、昇進の約束された集団ではなく、常に競争がおこなわれており、しかもかなり逆転が可能という意味では、時間をかけて選別する競争移動（contest mobility）の色彩が強かったといえるが、これは次長昇進の望みがないという見習出身者の集団を前提にしたものであることには注意が必要である。

4大学という一部の層はやはりエリートであり、特別な処遇がおこなわれており、そのなかで時間をかけてモチベーションをなるべく維持するように、選別がおこなわれていたといえる。そして正規その他でも4大学に匹敵する昇進を遂げる者があり、この集団のモチベーションも維持される機能があったといえる。

これは三井銀行が採用した正規がもっとも多い1910年代後半から20年代前半でも60人程度であり、その前後は20名程度であるという人数の少なさが、こうした取扱を可能とした大きな理由であったと考えられる」（『戦前日本のユニバーサルバンク』。最後のカッコ書きは原文ママ）。

第四節　高商閥の三井物産

トップは高商卒と商業学校卒が交代

三井物産の事実上の創業者は益田孝である。

一九〇一年に中上川彦次郎が死去してから、益田は三井財閥全体を統括する役割を担ったが、三井物産に対しても影響力を持ち続けていた。木村正幹《きむらまさもと》を副社長に据えていたが、実務は本店売買方専務（本店営業部長に相当）の馬越恭平《まごしきょうへい》が辣腕《らつわん》を振るった。

木村、馬越が去った後、上田安三郎《うえだやすさぶろう》が益田孝の女房役となり、部長・支店長クラスに山本条太郎《やまもとじょうたろう》、小室三吉《こむろさんきち》、福井菊三郎《ふくいきくさぶろう》、飯田義一《いいだぎいち》、渡辺専次郎《わたなべせんじろう》、岩原謙三《いわはらけんぞう》がいた。

大正時代に入ると、益田孝の下、筆頭常務・飯田義一、常務・山本条太郎、岩原謙三という構成となったが、一九一四年のシーメンス事件で益田、および三常務が辞任。ロンドン駐在取締役の渡辺専次郎が筆頭常務に選任され、その他に福井菊三郎、藤瀬政次郎《ふじせまさじろう》、小田垣捨次郎《おだがきすてじろう》が常務に選任されるのだが、この四人は全員東京高商卒だった。

そして、渡辺から福井、福井から藤瀬に筆頭常務が継承されていき、一九二四年に藤瀬が病気で退くと、商業学校卒と高商卒が交代でトップを務めた。すなわち、大阪商業学校

（現・大阪市立大学）卒の安川雄之助、高商卒の南条金雄、京都市立商業学校卒の井上治兵衛。そして、高商卒の向井忠晴である。

向井は三井合名のトップに転出し、一九四〇年に三井合名を三井物産に合併させて株式会社化したが、四三年に山西事件の責任を取って退任。後任に小学校卒の住井辰男を指名したが、住井が固辞したため、東京大学卒の小池正彪が三井物産会長となった。

一九四四年三月、財閥本社の三井物産は貿易部門・木材工業部門を分離して本社機構を「三井本社」と改称し、貿易部門を三井物産とした。小池は三井本社常務理事として本社側に残り、三井物産は住井を会長に据えた。四四年一二月に住井は三井本社筆頭常務理事に就任するため、三井物産のトップを辞任。後任の三井物産社長には東京高商卒の**宮崎清**（一八九四〜一九七〇）が選任された。なお、住井を補佐するため、三井物産から松本季三志《まつもときさし》、佐々木周一が常務理事に選ばれたが、かれらはロンドン人脈に繋《つな》がる人物（向井の子分）だった。

学卒者の大量採用は一八九〇年代中盤から

従来の説では、益田孝の義兄・矢野二郎《やのじろう》が商法講習所（のちの東京高商）の教授だった縁から、三井物産が創業期から東京高商卒を積極的に採用していたといわれていた。しかし、二つの意味で実態は違ったようだ。

第一に、初期の三井物産では東京高商より慶応義塾出身が多かったらしい。木山実《きやまみのる》・大島《おおしま》久幸《ひさゆき》共著の論文「戦前期商社業界における学閥形成」では、「三井物産では、その前身の先収会社時代から慶応義塾出身者が採用されており、中には三井物産開業早々に支配人クラスに就いている者もいた。益田孝の実弟克徳《こくとく》、英作《えいさく》、さらに後には益田の息子太郎《たろう》が慶応義塾で学んでおり、益田孝の父鷹之助は福沢諭吉の書記をしていたことがあるなど、益田家と慶応義塾の関係はきわめて深い。このような関係に加え、明治初期の段階で簿記・商業学・経済学を講じる学校は慶応義塾ぐらいしかなかったという事情で、先収会社ないしは創業期の三井物産は小供（丁稚）として雇い入れられた人材に混じって慶応義塾という学校出身者を採用していたということになろう」と指摘している。

第二に、三井物産が東京高商卒を積極的に採用するようになったのは、単に義兄からの売り込みがあったからではなく、同社の産業構造に変化が生じたためだったからだという。若林幸男《わかばやしゆきお》著の『三井物産人事政策史1876〜1931年』によれば、以下の通りである。

すなわち、「実際に物産が学卒者を本格的に大量採用し始めるのは日清戦争前後期以降、つまり一八九〇年中葉から一九〇〇年代に入ってからのことで、それまではむしろ、旧来の保守的な『小供』採用システムを中心にしながら、ごく一部の学卒者によるエリート採用を併用していた」。

三井物産における「東京高商出身者で八七年に在職が確認できるのは、岩下清周、渡辺専次郎、坂本良吾、間島与喜、小室三吉、福井菊三郎、大野市太郎、高柳豊三郎、朝比奈孝重、北村七郎、高木鉄太郎、藤瀬政次郎の一二人で（中略）全従業員に対して一〇％」にしか過ぎなかった。「逆にいえば、創業以来新規に雇い入れられて一八八七年に勤続している職員の大多数（七六人中の六一人、八〇％以上）は（中略）旧来の商家経営と同様、伝統的な丁稚、『小供』であった事が判明する」。

学卒者採用が意外に進まなかった背景として、三井物産の国内事業は江戸時代以来の事業内容であり、「雇い入れコストの高い『学卒者』に任せるべき仕事であるとは、とてもいいがたい」。一方、「東京高商の初期の卒業生一二人の物産内でのキャリアを分析してみると、一二人全員が入社直後あるいは程なくロンドン、香港、上海各支店などの各海外拠点に派遣されている点がやはり確認できる。つまり、この時期の学卒者は、海外支店向け要員として採用され、訓練されていたと考えられるのである。そうであれば、海外拠点が増えなければ、学卒者の採用は一定の上限以内に抑制されるだろう」と指摘している。

そして、三井物産が海外事業の比重を大きくするに従って「物産の新入社員のリクルートについては、当然、海外事業従事者候補、つまり、学卒者に対する需要を拡大させた。

一八八七年の段階で一〇％に過ぎなかった学卒者は、一九〇二（明治三五）年には一六％（職員総数四五七人内学卒者七六人）にまで一挙に上昇し、（中略）一九二六（大正一五）年時点では実に八八％に達する」。

学歴別の「一九一五年の数字と一九二六年のそれとを比較してみても、一九一五年の段階では入社していない一連の新設帝大出身者が一九二六年には表中に現れ、また、慶応義塾、早稲田、中央、日本、明治、拓殖、同志社などの商学系学部を増設した大学からの入社人数が飛躍的な伸びを示すという変化が生じているのである。さらに、甲種商業学校は制度化直後、急激な発達をみて、物産はここから優秀な若手従業員の供給を受けることで、賃金ファンド全体の圧縮にも成功していったのである」。

中でも、県立神戸商業学校のような「甲種商業学校」（東京高商・神戸高商など高等商業学校を含まない）の増加は目を見張るものがあり、「その勤続者の数値も、一九一五年～一九二六年までの間に約五倍以上の躍進を果たしている」。

ただし、「大正期に大量入社した商業出身者の多くの最初の配属先は、勘定、受渡及び管理部門であり、配属後はそこから他の掛への異動がなかなか実現しない人々がかなり存在していたのに対して、他方、大学出身者は、最初の職務として、これらの『後方支援部隊』での研修を受けた後、それぞれの適性により同部門に残る者もいれば商品部門別の売買掛（営業マン）に異動する者もいた可能性が高くなるのである」。つまり、「甲種商業学校」は、かつての非学卒者層と同様の位置付けを担わされたという訳である。その意味から、本書では中学卒と同等に分類している。

また、先述の木山・大島論文では「三井物産では、一九一二（大正元）年に人事課を創設した後、一九一三年以降、小供からの登用など日給者の職員採用システムを全廃し、高等・中等教育出身の新卒者（月給者）に一本化した採用したシステムに移行した。（中略）東京高商卒業生は、一九一九年までの時期においては圧倒的な比重を占めていたが、慶応義塾卒業生も一九一〇年代後半から急増し、一九年には両校からの入社者が拮抗するまでになった」と指摘している（「戦前期商社業界における学閥形成」）。

採用の実態

さて、物産人事の大枠をなぞったところで、三井物産の採用実態について述べていこう。

「一九三四（昭和九）年に慶応大学を卒業して三井物産に入社した矢野成典（元三井物産ロサンジェルス支店長）氏が以下のように述懐している（中略）

昔の商社は、採用した社員を次の四段階に分けているところが多かった。

①大学卒業生

②高商卒業生
③商業学校卒業生
④現地店採用」(『三井物産人事政策史1876～1931年』)。
本来ならば、この四分類に従って採用の実例を紹介したいところだが、③商業学校卒業生は見当たらなかったので、残りの三つについて見ていこう。

まず、①大学卒業生では、一九三六年に東京大学経済学部を卒業し、戦後に社長となった**池田芳蔵**《いけだよしぞう》(一九一一～二〇〇一)の証言がある。

「私が三井物産に入社したのは昭和十一(一九三六)年の春であった。此《こ》の年は丁度《ちょうど》二・二六事件の勃発で物情騒然であったが、卒業試験中の或る日、経済学部のアーケードに三井物産から十名位採用予定の表示が出た。優が十以上見当という条件のようなものがついていたが、どうやらその資格があったので、時の経済学部長、土方成美《ひじかたせいび》先生に御相談したところ、M・B・K(三井物産株式会社)はN・Y・K(日本郵船株式会社)やY・S・B(横浜正金銀行。のちの東京銀行)と並んで日本が生んだ世界的な大会社だ。受けてみ給《たま》えと御賛成を得たので願書を提出することにした。

入社試験は型通り書類選考から始まって、人事係の人に依る面接があり、之等《これら》をパスした者達が経営の責任者である役員との最終的面接試験を受ける仕組みであった。当時井上治兵衛氏が取締役会長、代表取締役に田島繁治《たじましげじ》（繁二の誤り）氏、常務取締役が向井忠晴氏であったが、どうやらここ迄漕《までこ》ぎつけた私が最初に面接した仁は田島氏であり、その次に、向井さんだったと記憶している。

田島さんは血色と色艶《いろつや》の良い顔をした紳士であり、話し振りも極めてビジネスライクで、主として私が専攻した学科の一つ外国為替問題について文字通り膝《ひざ》を交《まじ》えるような貌《かお》での活発な質疑応答があった。そこへゆくと最後に会った向井さんは一寸《ちょっと》感じが違っていた。役員室のドアを開けて私が這入《はい》ってゆくと、窓を背にして大きな机の向こうの椅子に埋まるようにして座っていた小柄な白皙《はくせき》の顔にキラリと光る眼がこちらを見た。窓から入る日光で逆光の所為《せい》もあったと思うが、その時私はこの人物の周辺からほのぼのとした光が立ち昇っているような気がした。何しろ五十年近い昔の話であるが、この事が鮮《あざや》かに印象に残っている。

私が差し出して置いた身上調書を見ながら『君は腸チフスになったらしいが、原因は何だったのかネ？』と言うのが彼の発した第一の質問であった。私が『本郷赤門附近の飲み屋で酒の肴に喰《た》べた酢牡蠣《がき》が原因でした』と答えたところ、『ウンそうか。だが牡蠣は酢牡蠣にして喰べるのが一番だよ』と言った丈《だけ》で、面接は僅《わず》か五分で終わって了《しま》ったのであった。（中略）こんな訳で、東大から入社試験を受けた十数名の内、採用された五～六名の内に私は含まれる事になったのであるが、最初に配属されたのが何と人事課（今の人事部）であり、清水潔氏がその主任であった」（『向井忠晴追想録』。最後のカッコ書きは原文ママ）。

次いで、②高商卒業生の採用事例では、一般的な公募採用と縁故採用の事例がある。

公募採用では一九二八年に東京高商を卒業して三井物産に採用され、戦後、社長に就任した水上達三《みずかみたつぞう》（一九〇三〜八九）の証言がある。

「私は、キリンビールへ行くつもりだったのです。陸上競技の関係で、明治屋の磯野長蔵《ちょうぞう》さんの息子の計蔵《けいぞう》君と親しかったものですから。ところが、ゼミナールの堀先生から三井物産を受けてみるようすすめられて、試験を受けたら採用になった。入社試験は、人事部長の田中文蔵さんの面接で、二回目は筆頭常務の安川雄之助さんの面接試験でした。安川さんは、君は農家の出だねといって、『君、大根はいつ播《ま》くかね』と、こういきなりくるんですよ。それから、私も素直でないところがちょっとあるんで、『ときなし大根なんていうのは、だいたい真冬をのぞいたら、いつでも播きます』といったんです。どうも、それを知らなかったらしいね、先生は。それで、あとはなんにも聞かなかった」（『回顧録』）。

縁故採用では、一九三〇年に名古屋高商（名古屋大学経済学部の前身）を卒業し、三井物産に採用された乾豊彦《いぬいとよひこ》（一九〇七〜九三）の証言がある。

「いよいよ就職となったが、別にどこに入るか決めたわけではなかった。長兄の（高橋）彦二郎が『三井物産にでも入るか』と聞くから『はあ』といったら、それで決まってしまった。

しかし、三井物産に入ったことが、私の運命を決定づけたといっても過言ではない。（中略）昭和五年といえば就職難の最中である。しかも学生の就職先で人気度の高いところといえば、日本銀行か三井物産といった時代のことだ。当然、実力では受かるわけがない。父と長兄彦二郎が、三井物産の初代社長で当時は三井合名の相談役をしていた益田孝氏と茶道を通じて親しくしていたから、長兄が益田さんに私の就職を頼んだのだろう。名古屋支店に試験を受けに行けという。

『面接ではこんなことが聞かれる』とあらかじめ耳打ちされていたぐらいだから、口頭試問も形式的だった。名古屋高商からは私を含め三人が合格ということになった。（中略）その当時、私の初任給は五十八円だった」（『私の履歴書　経済人21』）。

最後に、④現地店採用というと、海外現地法人・支店・出張所で、外国人を採用するように思われがちだが、国内支店――たとえば、大阪、門司等――による採用であるらしい。

現地店採用では意外に出世した人物が多く、**安川雄之助**がその代表である。安川は京都府の農家に生まれ、京都中学校から第三高等中学校（のちの第三高等学校、京都大学教養部の前身）に進んだ。しかし、同校の課目が商業実務に縁遠いことに不満を持ち、大阪商業学校に転校してしまう。第三高等中学校は帝大へのエリートコースなので、「友人達は『安川は気が狂ったのではないか』と陰口を利いたものである」（『三井物産筆頭常務　安川雄之助の生涯』。以下、引用は同書）。しかし、安川は飛び級を重ねて一年半で卒業し、一八八九年に三井物産大阪支店に入社した。「入社当時最も辛《つら》くて、後々まで覚えていたのは、『あれは学校出だ』といって敬遠されたことである」と述懐している。

安川は「三井物産に入るについては別に何も伝手《つて》はなかった。当時は現在のように学校が就職の世話などするではなし、自らが銘々が勝手に職を探すので、自分は直接支店長に頼んで入れてもらったのであった。その頃三井では支店長といわず支配人といった。南一介という人が支配人であった。この人は最初弁護士であったが、三井に関係していたので中途から物産に入り、大阪支店支配人となったもので、自分はこの人に頼んで入れてもらったのである」。

この他に、一九一三年に明治専門学校（現・九州工業大学）を卒業して三井物産門司支店に採用され、戦後、東洋レーヨン（現・東レ）の社長に就任した田代茂樹《たしろしげき》（一八九〇～一九八一）の証言がある。

「卒業式も週日に迫った夕、五、六の同窓生と松本（健次郎《けんじろう》。明治専門学校を設立した安川《やすかわ》一族）邸を訪れた。松本先生にいつものように快く迎えていただいた。皆があいさつをしていすに腰をおろした。すると先生から一人、一人就職先をきかれた。私の番になって、『実はそれがまだ決まらずにいます』と答え、その事情を申し上げた。すると先生は一瞬お考えになって、『そうか、いま思い出したが、先日三井物産の支店長が機械の卒業生がほしいと言っていたが、商社の希望者はいないだろうと返事をしておいた。今ならまだ間に合うだろう。紹介してあげるから、明日にでも行って見たまえ』と言われ、その場で紹介状を書いてくださった。

翌朝松本先生からお電話があった。『今日、門司へ行く用ができたので、三井の支店長に僕から話してやるよ』と聞いて、私は電話の前で深く頭をさげた。一両日後、門司に行って支店長の小林正直さんにお目にかかると、本店の手続きに多少の時日がかかるだろう、と言われただけで別に入社試験といったものはなかった。卒業式がすんで一週間もたたぬ日、三井物産から『見習いとして入社が決まった。即刻出社せよ』という通知状を自宅で受け取った」（『私の履歴書　経済人14』）

縁故採用や現地店採用を除くと、三井物産では書類選考、人事部長（もしくは次長）の面接、役員面接の三段階で採用を決めていたようだ。他財閥でよくみられる学校側の推薦は必須《ひっす》ではなかったらしい。また、面接自体は雑談に近いもので、それが三井物産らしさなのかも知れない。

本当に高商閥なのか（採用編）

三井物産は高商（一橋）閥として有名である。一九二六年に東京大学経済学部を卒業し、三菱銀行に入行した田実渉によると「私の実父（三菱の顧問弁護士・境豊吉《さかいとよきち》）が物産の南条金雄さんのお父さんといっしょに日本製粉を経営していましたから、父が南条さんのところへ行って『自分の息子が入りたいというんだがどうだ』といったら、『それはやめたほうがいい。物産はとにかく高等商業（東京高商）を出た者でないととても上にいけない。おまえさんの息子は帝国大学だからだめだ』といったんですね（笑）」（『回想　田実渉』）。ちなみに南条は当時常務で、のちに三井物産のトップ（会長）になっている。そんなおエライさんがそこまでいうのだから、あながち嘘ではあるまい。

実際、一九四〇年の幹部社員の過半数（五〇・八％）が東京高商出身だった。その反面、「毎年の新入社員の五割くらいが商大（東京高商）で占められ、あとが他の大学または地方の商業学校の卒業者だったという。（中略）商大閥といわれたのも、商大出が毎年大勢入社したため、よい地位につく者も商大出の比率が高かったという程度のことだったようだ」（『中公新書１２９　財閥』）という説もある。

戦前における三井物産の学卒者採用について論文を発表した経営史学者の麻島昭一《あさじましょういち》氏によれば、『稿本三井物産株式会社１００年史』では「早くから『高等教育修了者』を『ぞくぞく』入社させたというが」、「東京高等商業学校同窓会会員録」などから検証した結果、「(明治) 21年までは1~2人程度の新卒採用であり、零の年もあり、『ぞくぞく』と入社したという表現はややオーバーであろう。(中略) 入社後長続きしなかった者が幾人も生じており、(明治) 10年代に限れば18人のうち10人が途中退社であって、定着率が悪い。(中略) 東京高商出身といっても、必ずしも全員が幹部級になれたわけではなかった」(「戦前期三井物産の学卒者採用」。この項で特に断りがなければ、同論文からの引用)。

ただし、「合名会社時代 (三井物産が合名会社組織を採用していた明治26~42年：一八九三~一九〇九年) になると確かに『ぞくぞく』入社して来る。(中略) 26~29年が毎年6人前後、30~36年が毎年10人前後であったが、37、38年は実に30人を越す大量採用であった。(中略) 合名会社時代は東京高商から毎年定期的にかなりの採用があったことが窺われる」。

東京高商の教科では実践的な経理・計算、および英語教育を重視していた反面、法律関連には重きを置いていなかった、そのため、契約書作成に必要な法律の素養に欠けている従業員が少なくなく、一九一〇年代になると、人事課長が会議で東京大学法科卒の積極採用を訴えている。その結果、東京大学卒は「大正4年7月54人が8年4月には２０９人へと急増」することになった。

そして、従業員の出身校について以下の特徴をあげている。

・高等商業学校の比重が高く、中でも東京高商卒が全従業員に占める割合は、一九一五年に二七％（三一四人）、一九年に一九％（五五二人）、二一年に二〇％（五六六人）、二六年に一八％（四四三人）と他を圧倒している。「物産幹部に東京高商出身が多いのも母集団が大きいことを反映しているのであろう」。

・帝国大学では東京大学卒が圧倒的に多い。一九一五年に七六人だったものが、一九年に二二八人と三倍に増え、二一年に二八五人、二六年に二〇四人と若干減らしているが、それでも他の帝大卒を圧倒している。専攻は法科が多い。

・私立大学は一九一五年時点で早稲田・慶応義塾に集中しており、それ以外は中央・同志社のみである。一九年には私大採用が一・五倍となり、対象の学校も拡大。二一年には慶応義塾が早稲田を逆転する。

・商業学校卒は全国各地に散らばっており、「広い地域から手足となるべき人材を吸収していたといえよう」。

本当に高商閥なのか（昇進編）

麻島氏は「物産幹部に東京高商出身が多いのも母集団が大きいことを反映しているのであろう」と推察していたが、一九四〇年の幹部社員の割合と全従業員の出身校を比較してみた

【三井物産従業員の出身校（1919年）】

区分	内訳	人数	（%）	1940年の幹部 人数	（%）	（±）
帝大	東京大学	228	7.7	6	10.2	2.4
	（その他）	48	1.6	1	1.7	0.1
高商	東京高商	552	18.7	30	50.8	32.1
	（その他）	558	18.9	7	11.9	−7.1
外国語学校	−	107	3.6	2	3.4	−0.2
高工	−	80	2.7	1	1.7	−1.0
私大	慶応義塾	98	3.3	2	3.4	0.1
	早稲田	104	3.5	1	1.7	−1.8
	（その他）	315	10.7		0.0	−10.7
商業学校	−	654	22.2	6	10.2	−12.0
中学校	−	126	4.3	2	3.4	−0.9
その他	−	75	2.5	1	1.7	−0.9
		2945	100.0	59	100.0	0.0

※『三井事業史　本篇　第三巻　上』より作成
※住井辰男は小学校卒であるが、中学校卒に入れた

らどうだろうか。麻島氏も作表されているが、本書では『三井事業史　本篇　第三巻　上』掲載の一九一九年の出身校内訳と比較してみた。

先述した通り、東京高商卒は五五二人（一八・七％）、二割弱であるのに対し、一九四〇年の幹部に占める割合は五〇・八％だから、その差は＋三二・一％。全従業員に占める比率よりもかなり出世していることがわかる。

東京高商と同様に、幹部の比率が高いのは、東京大学（＋二・四％）、「その他」（＋二・五％）くらいで、慶応義塾（＋〇・一％）もプラスではあるが、誤差の範囲である。東京大学卒だと出世できないという南条の言葉は正しくはないかもしれないが、高商卒がぶっちぎりで出世しているので、当たらずとも遠か

らずといったところか。逆に、幹部の比率が大きくマイナスになっているのは、商業学校（マイナス一〇・二％）、慶応・早稲田以外の私立大学（マイナス一〇・七％）である。

先述の木山・大島論文では「一九一八年に三井物産に入社した東京高商と慶応義塾出身者で、一〇年以上在籍した人物の月給の推移」を比較すると、「両校出身者の月給額は、一九三〇年代に入り、入社一五年目辺りから差が開き始め、一九四〇年代になると、東京高商出身者のなかに役員クラスとなる三〇〇円を超える人員が登場する一方で、慶応義塾出身者は二五〇円台に集中しており、両校出身者の評価においてかなり大きな開きがあったことを確認できる」と指摘している（「戦前期商社業界における学閥形成」）。東京高商卒でも優秀な人材が三井物産に入社したという解釈もできるが、学閥の存在は否定できないだろう。

第五節　東大閥の三井鉱山

三池炭鉱の評価を高めた団琢磨

三井鉱山が三井財閥に買収された直後は、三井物産の益田孝が事実上のトップを務めていた。これは三井物産が三池炭鉱の払い下げを主導した経緯による（三菱財閥では三菱鉱業が出炭した石炭を販売する目的で営業部が設立され、三菱商事になった。三井・三菱では商社と鉱業の主従関係が正反対になっているところが面白い）。

その後、三池炭鉱に勤めていた団琢磨がトップを務めた。団については第一節で既述したので、詳細は省く。一九〇九年、後に三井合名理事長に抜擢される団から、山田《やまだ》直矢《なおや》がその地位を引き継いだ。

団琢磨の後任は東大教授

山田直矢（一八六〇〜一九三九）は薩摩藩士・山田有庸《ありつね》の次男として生まれた。母は明治の元勲・大久保《おおくぼ》利通《としみち》の妹、つまり大久保の甥にあたる。大久保を訪ねた折、日本の採炭量不足を嘆いていた話を聞き、山田は東京大学工科大学採鉱冶金科に進んだ。一八八五年に卒業して、東京大学工科大学理学部助教授に任ぜられ、翌八六年に教授となる。八七年にドイツ留学、八九年に帰朝して三菱合資に入社、小真木《こまき》鉱山（秋田県）に勤務する。その頃、日本では官民を挙げて南米ペルーの銀山経営をする話が持ち上がり、その技術者として山田を起用することになり、翌九〇年に三菱を退職、ペルーの銀山を視察した。しかし、これが詐欺《さぎ》同然の話だったので、帰朝して九三年に東京大学工科大学講師、翌九四年に教授に復帰する。

一八九七年に団琢磨が上京し、三池を去るにあたって後継者を物色。山田の従姉妹《いとこ》が矢野二郎夫人だったことから、矢野の義弟・益田孝の仲介で、山田は三井鉱山主事に転じた。一

■会長　■専務理事　■理事　■監事　■取締役業務委員　■業務委員会
■筆頭常務　■常務　■取締役　■監査役

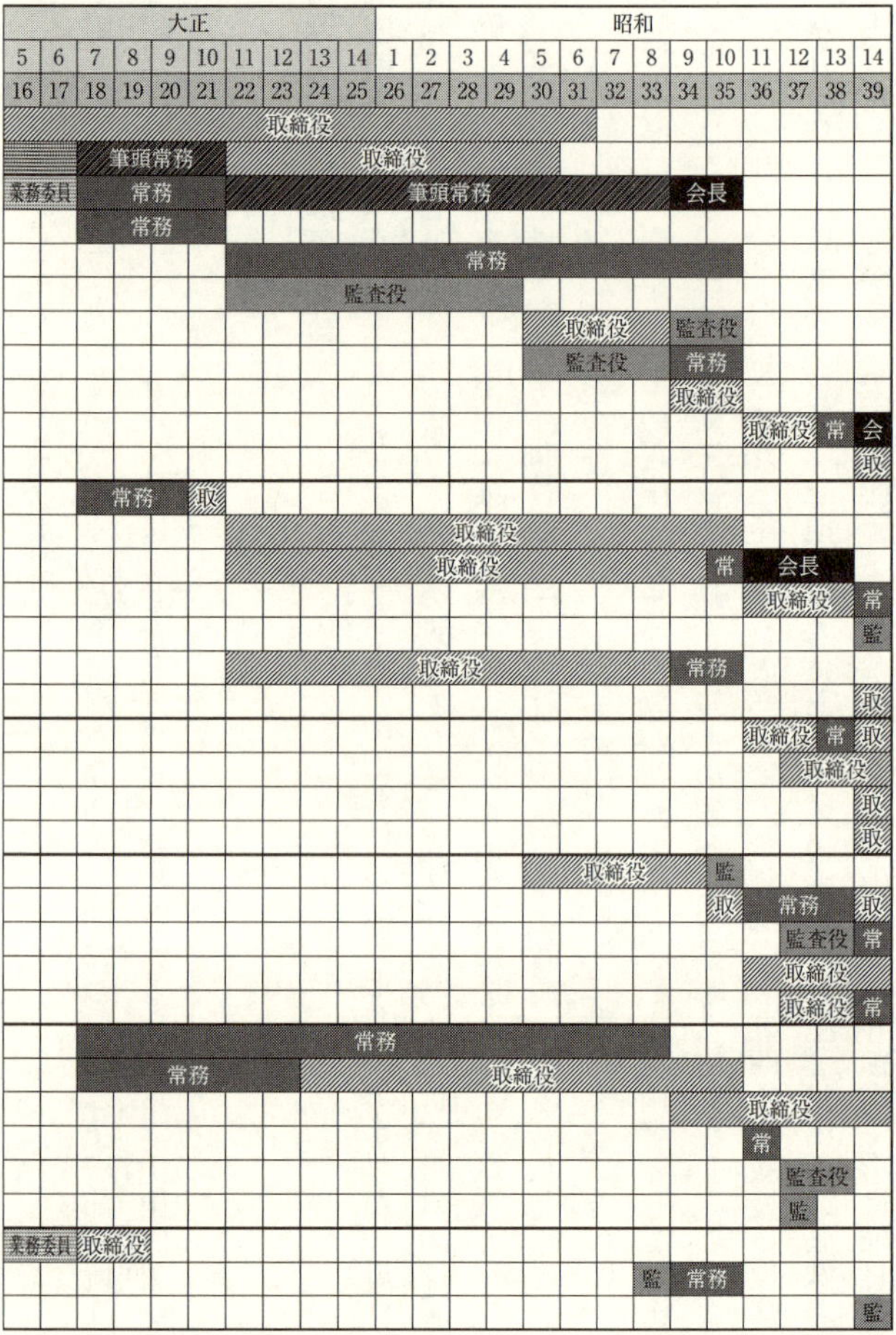

【三井鉱山役員】

				明治								大正			
				37	38	39	40	41	42	43	44	1	2	3	4
氏名	生年	出身地	学歴区分	1904	05	06	07	08	09	10	11	12	13	14	15
団琢磨	1858	福岡	MIT	専務理事							取締役				
山田直矢	1860	鹿児島	東京大学(採鉱冶金)		監事			理	専務		取締役業務委員				
牧田環	1871	大阪	東京大学採鉱冶金科											業務委員	
山田文太郎	1861	福井	東京大学採鉱冶金科												
藤岡浄吉	1873	石川	東京大学採鉱冶金科												
佐伯芳馬	1871	山口	東京大学採鉱冶金科												
富田太郎	1873	福岡	東京大学採鉱冶金科												
西村小次郎	1874	東京	東京大学採鉱冶金科												
小田清	1885	福岡	東京大学採鉱冶金科												
川島三郎	1883	福岡	東京大学採鉱冶金科												
稲荷田稲助	1884	鹿児島	東京大学採鉱科												
植木平之允	1864	山口	東京大学土木工学科												
不破熊雄	1871	福岡	東京大学機械科												
尾形次郎	1874	福岡	東京大学電気科												
林新作	1884	山口	東京大学電気科												
河合賢三	1887	富山	東京大学電気科												
中井四郎	1870	大阪	東京大学応用化学科												
荘原和作	1889	山口	東京大学応用化学科												
松田範房	1883	兵庫	京都大学（工）												
今永徹次郎	1880	福岡	京都大学（工）												
森本光太郎	1883	福岡	京都大学（工）												
林俊香	1886	山口	京都大学（工）												
属最吉	1873	山口	東京大学（法）												
高島基江	1882	福岡	東京大学（法）												
辻偲一郎	1883	？	東京大学（法）												
有田靖太郎	1880	佐賀	京都大学（法）												
淡輪雅信	1882	福岡	京都大学（法）												
七海兵吉	1871	福島	東京高商												
岩田謙三郎	1867	福岡	東京高商												
生島暢	1880	福岡	東京高商												
片山真五郎	1876	山口	東京高商												
中村伍七	1882	？	東京高商												
岡本達三	1881	佐賀	神戸高商												
岡本貫一	1858	静岡	明治大学						監事		業務委員				
木瀬和吉	1876	京都	京都商業												
橋本幸造	1891	福島	安積中学												

※「三井鉱山五十年史稿　第一集」（大牟田市三池炭鉱歴史資料デジタルアーカイブ）より作成
※「出身地」の白文字は、九州＋山口県であることを示す

九〇八年に理事に就任。翌〇九年に三井合名会社鉱山部に改組されると、事実上のトップである専務理事に就任。一一年に三井鉱山株式会社が設立されると、取締役業務委員、一八年に筆頭常務取締役に就任する（わかりづらいが、同社の事実上のトップにあたる）。二一年に満六一歳でトップの座を牧田環《まきたたまき》に譲って平取締役に退いた。

後任の牧田は、山田の教員時代の教え子にあたる。また、一九一二年東京大学採鉱科卒の稲荷田《いなりだ》稲助は、三井鉱山入社にあたって山田の世話になったと語っている（『山田直矢翁追悼録』）。

理系の本格的採用は一八九五年以降

牧田環（一八七一～一九四三）は大坂に生まれ、旧制三高を経て、一八九五年に東京大学採鉱冶金学科を卒業。一教科を除いて、すべて学年一位という秀才だった。三井鉱山入社は団琢磨の勧誘による（「牧田環とその事業活動」）。牧田は三井鉱山が理系社員の本格採用をはじめた一期生だという。

経営史学者の森川英正《もりかわひでまさ》氏は「帝大採鉱冶金学科卒業生リストを見ると気づくことであるが、牧田の先輩で三井鉱山に入社した者は非常に少ない。

明治二十八年の段階で、麻生政包《まさかね》（明治十二年卒）、吉原政道（明治十三年卒）程度で、しかも、卒業後ただちに三井鉱山に入社した者は見当たらない。これは、三菱、住友、古河等に比べてきわめて対照的な事実であった。採鉱冶金学科以外でも同様で、二十三年機械工学科卒の松原嶢《たかし》くらいが、フレッシュマンとして三井鉱山に入社した牧田の先輩の工学士である。

（中略）三井鉱山は、長い間、主力事業である三池炭鉱の産炭高増加と設備投資に全力を投入し、その結果、資金的余力を欠き、若手人材確保にまで手が回らなかった。僅かに、前述の麻生、吉原、松原や二十五年に東京工業学校機械科を卒業した杉原平太郎、立花煕《ひろし》を採用した程度である。ようやく資金的余裕ができたこの段階で、採鉱冶金学科新卒の工学士を一挙に四名も採用し、これまでの学卒人材不採用の穴をカバーしたと推測される」（『牧田環伝記資料』）と分析している。

一八九七年に牧田は恩師・山田直矢の三池炭鉱赴任に従って同地に赴任。翌九八年、団琢磨の洋行に随《したが》い、団に気に入られて一九〇二年に女婿となる。一四年に取締役業務委員、一八年に常務取締役に就任し、二一年に筆頭常務取締役となり、三井鉱山のトップとなった（一九三四年に財閥転向にともなう三井一族の社長退任を受け、会長に就任）。

牧田は大学の同窓に依頼して優秀な人材を三井鉱山に採用したと、王子製紙社長・藤原銀次郎が証言している。牧田は「大学の卒業生の中で非常に優秀で――学問がいゝとか、仕事がよくできるとか、とにかく優秀な人が出たならば、何人でも三井で採用するから、是非とも紹介してくれと、自分の友達や、学校へ依頼しておいた。

自分は首席で卒業しているし、すでに三井では最高幹部の一人でもあり、牧田はいゝ友達を沢山持つていて、それがみな、大学の教授や部長をしている。だから機械でも、電気でも、或いは採鉱冶金でも、何でもかまわない、その担当の学部長の自分の友達に、これならば大丈夫だという、卒業の順番でも、二番とか三番で卒業した、という人間を自分の方へ採用したいからといつて、頼んであつた。それで、立派な人間が年々三井に入つてくる」（『思い出の人々』）。

一九四〇年の学歴構成で、理系の採用が採鉱冶金科に偏っていないと指摘したが、それは優れた人材であれば学科は問わないという、牧田の人材戦略の結果だったのだろう。

文系の本格的採用は一九〇六年以降

一方、三井鉱山の学卒者の文系採用は高島基江《たかしまもとえ》（一八八二～一九六九）を嚆矢《こうし》とするらしい。「高島基江は、明治三九年七月に東京帝大の法科大学を卒業した。〝法科万能〟などといわれた時代だけに、就職の心配など全然いらなかったが、彼自身は進路をひとりできめかねて、穂積重遠《ほづみしげとお》（法律学）、金井延《かないのぶる》（経済学）両教授に相談をもちかけた。穂積には外務省入りを、金井にはマイニング（鉱業）行きをすすめられた。外務省の方は学生の身でも何とか想像できたが、マイニングの方はさっぱり見当がつかなかった。誰かこの分野の先輩はいないかと物色してみたところ、ちょうど当時三井鉱山合名会社の専務理事をしていた団琢磨が同県人だというわけで早速面会をもとめた。

会うと早々に、団は『福岡人なんていうのはあまり好かんぞ』という調子で、福岡県人を愛想よく迎えてはくれなかった。しかし若い高島はかまわず、『けれども団さんは福岡人の癖のよくないところをきらうんでしょう。ぼくも福岡人の癖のわるいところは知ってます。だが福岡県人であるがゆえに、わたしのことも好かんということは話がおかしいじゃないですか』とズケズケいい返すと、団は卒直に『うん、そうか』とうなずき態度がやわらいだ。このあたり、いかにも明治のエリート青年の気概を物語るエピソードである。

団の紹介で高島青年は三井鉱山で団の下にいた岡本貫一に会って、鉱山の事業について細かい話をきくことになった。法律出身（明治法律学校——明治大学卒）の事務屋である岡本は熱心な人で、話は一日ですまず、高島は三回も四回も岡本を訪ねることになった。しかも多くは岡本の自宅で夜おそくまで話がつづいた。高島としてはあまり日数がたって決めかねてもと思い、団のところへ『どうしましょうか』と伺いをたてると、今度は『それなら三井へ入れ』というわけで、高島は鉱山入りを決めた。

もちろん今日のような入社試験などというものはなく、むしろ迎え入れられるかたちだった。その頃は、工科出はともかくとして、法科出身者で直接鉱山へ入社した人はほとんどいなかったという。法科出は大部分官吏で、実業界に入るにしても銀行方面が多かった。高島の場合を先例として、三井鉱山でも一、二年後からは帝大の法科出を入社させるようになった。高島の初任給は三〇円、大学卒業者は鉱山では一律にそう定められていた」(『中公新書129　財閥』)。

九州閥

三井鉱山は、山田直矢から終戦まで東大理系ＯＢ、団以降は一人を除いて九州出身者がトップを務めるという、東大・九州閥の企業だった。ちなみに東京大学ＯＢは一人(電気科)を除いて採鉱冶金科卒という徹底ぶりである。

また、社史で確認できる三井鉱山の役員は三六人(三井一族、社外役員を除く)で、うち二三人(六三・九％)が九州三県(福岡・佐賀・鹿児島)および山口県の四県出身者で占められている。ほぼ三分の二が四県の出身者に限定されている。まるで地方企業だ。三井鉱山の採用実態をうかがわせる証言がないので何ともいえないが、意図的に九州人を採用していた可能性が高い。

では、九州人脈はどういう学歴を経て三井鉱山に入社しているのだろうか。一九四〇年の三井鉱山幹部のデータによれば、①熊本にある旧制五高から京都大学（六人）・九州大学（三人）に進む、②五高以外から東京大学（六人）に進む、③帝大以外、熊本高工（二人）、長崎高商・東京高商（一人ずつ）の三パターンに分かれた。こう見ていくと、京都大学・九州大学からの採用は、九州人採用の一側面である可能性すらうかがわせる。

やっぱり東大卒が出世

長広利崇《ながひろとしたか》氏によると、三井鉱山における一九一四〜二五年の学卒者採用は六〇六人で、一位が東京大学（一四・〇％）、二位が熊本高工（一三・七％）、三位が早稲田大学（一〇・一％）。以下、明治専門、京都大学、慶応義塾……と続く（『戦間期日本石炭鉱業の再編と産業組織』）。

一九四〇年の三井鉱山幹部は四七人、うち一九一四年以降に採用されたのは一九人（四〇・四％）なので、単純には比較できないのだが、無理を承知で比較してみると、東京大学の採用が一四・〇％に対して幹部の割合は四四・七％。その差は＋三〇・七％、三倍強に増えているのである。

東京大学と同様に、採用の比率より幹部の比率が高いのは、京都大学（＋一六・一％）、九州大学（＋九・二％）、東京高商（＋一・二％）の三校のみ。高等工業学校系は軒並み数値を

【1940年の三井鉱山九州人脈】

地域	高校	大学	人数	合計	（%）
九州（5県）	五高	京都大学	6		
		九州大学	3		
	一高	東京大学	4		
	二高				
	四高				
	七高				
	（不明）	東京大学	2		
	熊本高工		2		
	長崎高商		1		
	東京高商		1	19	40.4
山口県	一高＋不明	東京大学	2		
	（不明）	京都大学	1		
	神戸高商		1	4	8.5
静岡県			4		
東京			4		
その他			16	24	51.1
合計			47	47	100.0

【三井鉱山の採用人数と幹部の比較】

		1914-1925年の採用		1940年の幹部		
区分	大学・専門学校名	採用人数	（%）	人数	（%）	（±）
帝大	東京大学	85	14.0	21	44.7	30.7
	京都大学	44	7.3	11	23.4	16.1
	九州大学	22	3.6	6	12.8	9.2
高等工業学校他	熊本高工	83	13.7	3	6.4	-7.3
	明治専門学校	45	7.4			-7.4
	秋田鉱山専門学校	28	4.6			-4.6
	東京高工	26	4.3	1	2.1	-2.2
	旅順工科	22	3.6			-3.6
	大阪高工	19	3.1			-3.1
その他	早稲田大学	61	10.1			-10.1
	慶応義塾	31	5.1			-5.1
	東京高商	19	3.1	2	4.3	1.2
	その他	121	20.1	3	6.4	-13.7
	総計	606	100.0	47	100.0	

※採用人数は『戦間期日本石炭鉱業の再編と産業組織』に記載された構成比(%)より逆算

落としている。採用人数では熊本高工が九州大学の四倍弱（三・八倍）なのに、幹部は半分しかいない。

やっぱり、三井鉱山は東大卒が出世する東大閥だったのだ。ただし、長広氏は分析していないが、出身県・高校まで拡げると九州閥だったのかもしれない。

第六節　一九九九年の学歴構成

分析対象や使用資料

三井でも現在（一九九九年）の状況について附言しておこう（なぜ、一九九九年なのか、どういった資料を使うのかは三菱財閥の章で説明したので省略する）。

三井グループ企業というと、一般的には社長会「二木会《にもくかい》」加盟メンバーを指すが、三井グループは戦後の劣勢を盛り返すべく、財閥時代には準直系会社でもなかった企業を「二木会」に勧誘しており、実態に即していない。たとえば、トヨタ自動車、王子製紙、石川島播《は》磨《り》重工業などである。そこで、対象を直系会社、および戦前にそこから派生した会社に絞った。

慶応閥の擡頭

戦前の三井銀行は慶応閥、三井物産は高商（一橋）閥、三井鉱山の帝大（東大）閥と先述したが、戦後（一九九九年）になると、さくら銀行は慶応閥、三井物産は東大＋慶応閥、三井鉱山は九大（九州大学）閥で、高商の姿は見る影もない。

全体的な傾向は、先述した三菱グループと似通っているが、慶応義塾卒の圧倒的な強さが目を引く。戦前も二割弱（一八・六％）が慶応義塾卒だったのだが、戦後には三割弱（二八・四％）に激増している。三井倉庫に至っては二〇人の役員のうち、一八人（九〇・〇％）までが慶応義塾卒である（慶応のテニスサークルより慶応比率が高いのではないか——というのは冗談だが）。

1999年との比較	1940年（%）			（%）	総計	三井化学
-0.1	5.7			5.6	22	5
-11.9	24.9		18.5	12.9	51	6
-1.1	2.9			1.8	7	3
-1.3	5.1		5.6	3.8	15	1
1.6	1.7			3.3	13	2
1.8	0.0		5.1	1.8	7	1
3.5	0.0			3.5	14	6
0.9	0.6	34.2	5.1	1.5	6	
-9.6	15.1			5.6	22	
0.9	2.9			3.8	15	2
0.7	0.3			1.0	4	2
4.7	5.7	20.8		10.4	41	2
9.8	18.6			28.4	112	5
9.7	1.4			11.1	44	5
-1.5	6.3			4.8	19	
-1.2	1.4	44.6		0.3	1	
-3.2	3.7			0.5	2	
-3.7	3.7	0.5		0.0	0	
	100.0	100.0		100.0	395	40

東京大学卒の激減

慶応閥の擡頭は、他の学閥の衰亡を示唆する。旧東京高商卒がおよそ一〇ポ

【三井グループにおける役員の学歴構成（1999年）】

	さくら銀行	三井信託銀行	三井生命保険	三井海上火災保険	三井不動産	三井倉庫	三井物産	商船三井	三井造船	東レ	三機工業	三井鉱山	三井金属鉱業
東京大学（理）			2		1		3	1	2	4	1		3
東京大学（文）	10	5	2	1	2		9	6	1	4	1	1	3
京都大学（理）									1	2			1
京都大学（文）	3						3	1		4		1	2
九州大学（理）									4			3	4
九州大学（文）	1								1			3	1
他旧帝大（理）							1		2	2	2		1
他旧帝大（文）	2						3		1				
一橋大学	3	7		2	2		3	3		2			
神戸大学	5	2	1	1				2	1	1			
東京工業大学										1	1		
他国公立大学	2	3	2	6			6	4	2	5	5	1	3
慶応義塾大学	12	7	9	9	11	18	11	9	4	5	5	3	4
早稲田大学	4	3	6	2	2	2	5	3	2	2	4	3	1
その他私立大学	1		3	3	3		1	1			5	2	
海外ほか								1					
高卒・商業以下				1									1
不明・記載なし													
総計	43	27	25	25	21	20	45	31	21	32	24	17	24

※東洋経済新報社編『東洋経済別冊　役員四季報　2000年版』より作成
※割合（%）以外の数字は人数を示す

イント減少しているが、さらに減少率が高いのが東京大学卒だ。東京大学卒は戦前の三割強（三〇・六％）から二割弱（一八・五％）まで激減している。理系はほぼ同じ値（五・七％→五・六％）なのだが、文系が半減している（二四・九％→一二・九％）。

就活生にとって、戦前の三井財閥は輝いていたが、戦後の三井グループは魅力が乏しかったとしか思えない（一九九九年の役員は高度経済成長期に入社した、ガツガツした昭和のサラリーマンだからかも知れない。数年前に学生に三井と住友の社風の違いを説明したが、だいたいは「おっとりした」三井を好む傾向があった――個人の感想です)。

高商閥はどこへ

そして、高商閥である。旧東京高商卒はおおよそ一〇ポイント減少している(一五・一%↓五・六%)。三井物産ですら東京大学卒の四分の一でしかない。もはや東京高商は三井物産のための学校ではないのだ(三井銀行固有の青山学院閥も霧散している)。東京高商卒が最も多いのは、三井信託銀行で七人(二五・九%)で慶応義塾卒と並び最大派閥である。なぜかといえば、社長が東京高商卒だからだろう。

なお、早稲田大学卒がおおよそ一〇ポイント増加している(一・四%↓一一・一%)。

第三章　住友財閥

第一節　住友財閥の歴史

住友財閥は、江戸時代に大坂に本店を構えた富商・住友家が、明治維新後に財閥となったものである。

初代総理事・広瀬宰平

明治維新の際に住友家は大きな危機を迎えた。一八六八年の戊辰《ぼしん》戦争で、別子《べっし》銅山が幕府の資産と誤認され、川田小一郎率いる土佐藩兵に差し押さえられたのである。銅山の総支配人・**広瀬宰平**《ひろせさいへい》（一八二八～一九一四）は川田に対して、別子銅山は幕府直轄領にあるが、住友家がその経営を請け負っていた事情をねばり強く説明。差し押さえの解除に成功した。

その後も広瀬は住友家をめぐる危機を克服し、一八七七年に住友家総理代人（のちの総理事、住友財閥の事実上のトップ）に就任する。広瀬は「元亀《げんき》・天正《てんしょう》（織田信長《おだのぶなが》の頃）の英雄」と揶揄《やゆ》される性格で、独断で事業を進めて多角化を推進したため、次第に反感が高まり、別子銅山では広瀬・反広瀬の二派に分かれて業務に支障を来《きた》すほどになっていた。

本店支配人・伊庭貞剛《いばていごう》は別子に赴いて抗争の沈静化に努め、一八九四年に広瀬が辞任。九七年に伊庭は総理事《そうりじ》心得《こころえ》に就任し、その三年後に総理事に就任した。

二代目総理事・伊庭貞剛

伊庭貞剛（一八四七～一九二六）は近江《おうみ》（滋賀県）の代官の子に生まれた。母は広瀬宰平の姉で、広瀬の甥《おい》にあたる。一八六九年に刑法官少監察《けいほうかんしょうかんさつ》、大阪上等裁判所判事を歴任した司法官僚であったが、官界に失望して七九年に退官。叔父《おじ》の広瀬に挨拶《あいさつ》に出向いた折、住友への入社を勧められる。入社してすぐに本店支配人に抜擢《ばってき》され、九四年に広瀬が辞任すると、住友財閥の事実上のトップとなった。

伊庭は、自分の後任に日本銀行出身の河上謹一《かわかみきんいち》を据えようと考えていたらしい。ところが、住友家当主の一五代・住友吉左衛門友純《きちざえもんともいと》が「かねて住友の事業を托《たく》する者は鈴木以外に無いと信じておられたので」（『小倉正恒』）、鈴木馬左也《すずきまさや》が総理事に就任したという。

三代目総理事・鈴木馬左也

鈴木馬左也（一八六一～一九二二）は日向《ひゅうが》（宮崎県）高鍋《たかなべ》藩家老・秋月種節《あきづきたねよ》の子に生まれ、母方の養叔父・鈴木来助衛房《らいすけもりふさ》の養子となった。一八七三年の学制改革で藩校・明倫堂《めいりんどう》が廃校となったので、鹿児島県医学校に進んだが、郷里に宮崎学校が新設されたため、七五年に同校中等部予科に転校。校長・野村綱《のむらつな》の斡旋《あっせん》で、綱の弟・野村彦四郎《ひこしろう》が校長を務める金沢啓明《かなざわけいめい》学校普通科に翌七六年六月に入学した。しかし、翌七七年に西南《せいなん》戦争が勃発《ぼっぱつ》し、実父が獄に繋《つな》がれたこともあって、同年七月に金沢啓明学校を退学し、実兄の外交官・秋月左都夫《さつお》を頼って上京した。鈴木は七八年九月に東京大学予備門（旧制一高の前身）に入学。八三年七月に東京大学政治学科に進み、八七年に卒業して内務《ないむ》省に入省。八九年に愛媛県書記官、翌九〇年には大阪府参事官となった。

この年、住友家では別子銅山開坑二〇〇年記念式典が催され、鈴木は「住友家の伊予《いよ》（愛媛県）の銅山経営は政《まつりごと》にはあらざるも、徳を以《もっ》てせらるるが故《ゆえ》に県民は之《これ》に悦服せるなり」と祝辞した。伊庭がこれに感銘し、住友入りを懇請される。

一八九六年に鈴木は住友本店副支配人に招聘《しょうへい》され、欧米視察の後、本店理事、別子鉱業所支配人、本店支配人等を経て一九〇四年に三代目総理事に就任。四三歳の若さで住友財閥の事実上のトップとなった。以来、二二年まで一八年以上、総理事として君臨する。

鈴木は、一九〇九年に住友本店を住友総本店と改称し、傘下企業を次々と株式会社化した。さらに二一年に住友総本店を住友合資会社（以下、住友合資という）に改組した（一九三七年に株式会社住友本社に改組）。また、別子鉱山・銀行・金属の三本柱に重きを置く一方、事業の多角化を進めた。

鈴木は「事業は人なり」をモットーに人材の招聘、育成に努め、一九〇七年に学卒者の一括定期採用を開始した。さらに鈴木は官僚や司法関係者をスカウトして要職に抜擢した。そのため、住友財閥では永らく中途採用者がトップを歴任することとなった。

中田錦吉から小倉正恒までの三代

鈴木以後、三代に渡って東京大学卒の元官僚、中途採用組が総理事に就任した。

中田錦吉《なかだきんきち》（一八六五〜一九二六）は出羽《でわ》秋田藩士の子に生まれ、旧制一高を経て、一八九〇年に東京大学英法科を卒業。もともとは司法官僚で、東京控訴院《こうそいん》（現在の東京高等裁判所）部長在任中に鈴木馬左也の要請を受け、一九〇〇年に住友に入った。前任者の鈴木は「死ぬまで辞めないであろう」と陰口を叩《たた》かれ、事実、死去する年まで在任した。そのため、総理事を継いだ時、中田は満五八歳の高齢だった。中田は役員六〇歳、役員以外は五五歳の停年制を定め、わずかに三年で自ら制定した停年によって退職した。

湯川寛吉《ゆかわかんきち》（一八六八〜一九三一）は紀伊新宮藩《きいしんぐう》（現・和歌山県新宮市《しんぐう》）の侍医《じい》の家系に生まれたが、医師を継ぐのを嫌って旧制一高に進み、一八九〇年に東京大学独法科を卒業、逓信《ていしん》省《しょう》に入省した。東京通信管理局長在任中に金属・電線部門の即戦力として鈴木馬左也にスカウトされ、一九〇五年に住友に入った。湯川は中田より三歳若いが、旧制一高・東京大学法科の同級生で、総理事を継いだ時、すでに五七歳だった。そこで、停年制の例外規定によっ

入社	トップマネジメント						
年齢	就任まで	就任	退任	任期	就任年齢	退任年齢	履歴
10歳	39年	1877	1894	18年間	49歳	66歳	1865銅山総支配人、1877住友家総代理人
31歳	19年	1897	1904	8年間	50歳	57歳	1879住友本店支配人、1897総理事心得、1900総理事
35歳	8年	1904	1922	19年間	43歳	61歳	1896住友本店副支配人、本店理事、本店支配人、1904総理事
36歳	22年	1922	1925	4年間	58歳	61歳	1900別子鉱業所副支配人、1902別子支配人、1903住友本店理事、1921住友合資常務理事、1922総理事
37歳	20年	1925	1930	6年間	57歳	62歳	1905本店支配人、1910住友総本店理事、1925総理事
24歳	31年	1930	1941	12年間	55歳	66歳	1906住友本店神戸支店支配人、1908本店副支配人、1913住友総本店支配人、1921住友合資常務理事、1930総理事
24歳	31年	1941	1947	7年間	55歳	61歳	1926住友伸銅鋼管取締役、1929常務、1933専務、1936住友合資理事、1937住友本社理事、1938専務理事、1941総理事

て在職期間を少し延長し、約五年勤めて退任した。

湯川の後を継いだ小倉《おぐら》正《まさ》恒《つね》（一八七五～一九六一）は元加賀藩士の子として石川県に生まれ、旧制四高を経て一八九七年に東京大学英法科を卒業、内務省に進んだ。土木監督署事務官、内務事務官、山口県参事官を経て、鈴木馬左也の知遇を得て一八九九年に住友に入社。馬左也の従姉妹《いとこ》の娘と結婚するくらい期待された。

【住友財閥のトップマネジメント】

入社

氏名	役職	出身地	出身学校	前歴	生年	入社
広 瀬 宰 平	住友家総代理人	近江（滋賀県）	–		1828	1838
伊 庭 貞 剛	住友本店総理事心得 住友本店総理事	近江（滋賀県）	–	刑法官少監察、大阪上等裁判所判事	1847	1879
鈴木馬左也	住友本店総理事 住友総本店総理事 住友合資総理事	日向（宮崎県）	東京大学（法）	内務省→農商務省参事官	1861	1896
中 田 錦 吉	住友合資総理事	出羽（秋田県）	東京大学（法）	東京控訴院部長	1865	1900
湯 川 寛 吉	住友合資総理事	紀伊（和歌山県）	東京大学（法）	通信省（東京通信管理局長）	1868	1905
小 倉 正 恒	住友合資総理事 住友本社総理事	石川県	東京大学（法）	内務省	1875	1899
古田俊之助	住友本社総理事	京都府	東京大学（工）		1886	1910

※菊地浩之『住友グループの研究』より転載

「最後の総理事」古田俊之助

一九四一年に小倉正恒は第二次近衛《このえ》内閣に入閣。古《ふる》田《た》俊之助《しゅんのすけ》に総理事を譲った。ここに至ってやっと広瀬宰平以来の住友生え抜きの総理事が誕生した。

古田俊之助（一八八六〜一九五三）は京都府の井上家に生まれ、小学生の時から優秀だったため、実業家・古田敬徳《けいとく》の養子となる。旧制六高を経て、一九一〇年に東京大学採鉱冶金《さいこうやきん》科を卒業。住友に入社した。当時、学卒者は中間管理職からスタートするのが一般的だったが、三年間工員として技術を学び、工員たちの心がわかる技術者として現場の人望を得た。その後、住友伸銅所《しんどうしょ》支配人、住友伸銅鋼管の専務を経て、三六年住友合資理事に就任。三八年住友本社専務理事、四一年に総理事に就任した。

古田は「技術系は総理事になれない」というそれまでの住友の不《ふ》文律《ぶんりつ》を破って、総理事に就任した。戦時中、銀行や化学産業は国策の上から合併を推奨され、住友銀行や日《に》本《ほん》板硝子《いたがらす》も他社との合併を強要されるが、古田は敢然として抵抗し、住友の独自性を守った。また、古田は財閥解体を整然と行い、「最後の総理事」として戦後の住友グループ経営者からも一目置かれていた。古田はかれらに対して、戦後も直系企業（住友では連系《れんけい》会社という）が緊密な連絡協調を保つように希望し、住友グループ再結集の道筋を引く役割を果たした。

第二節　学卒者の一括採用

採用人数

住友財閥では鈴木馬左也が一九〇七年から一括採用をはじめた。

一九〇七年の一括定期採用の第一期にあたり、東京大学政治科を卒業し、のちに住友本社常務理事となる川田順（一八八二〜一九六六）によると、同年に「住友は初めて法学士を多量に採用し、東大から七人、京大から五人」（『住友回想記』）を採用したという（理系採用、帝大系以外の学卒者採用人数は不明）。

さらに、一九一四年入社の三村起一《みむらきいち》（一八八七〜一九七二）によれば、「明治四〇（一九〇七）年頃、川田順、田島房太郎、安達金成という人たちを東大法科からとり、ついで四四（一九一一）年に春日弘《かすがひろむ》をとった。それからしばらくあいだが大正三（一九一四）年に大量にとった。はじめに九名あとから二名、全部で一一名入った」（『中公新書129　財閥』）。

また、一九二四年入社の香川修一は「大正十三年学校を出る間際に同期に住友に入社した者十九名」、一二六年入社の田中外次《たなかそとじ》は「大正十四年の十月頃かと記憶する。住友の入社試験をパスした東京商大の同級生十五名ばかり」（『岡橋林氏追懐録』）との記述がある。

初期の頃には一括採用が毎年行われていなかった模様で、住友にとって「多量」採用とは一〇〜二〇人くらいの規模だったことがわかる（後年、安田財閥は一〇〇人規模で学卒者を採用している）。

採用試験の実態

住友合資の一括採用がどのように実施されたかについては、採用する側、される側それぞれの証言がある。

まず、採用する側であるが、川田順によれば、「住友総本社（合資会社）の理事で人事部長を兼務した私は、新人採用の事務の責任者であった。その頃の採用試験なるものを顧みると、まことに感慨無量だ。大学、高商、その他の専門学校にそれぞれ依頼して、適当な候補者幾人かずつを決めてもらう。一定の日時にそれらの新人達を会社に招き、重役一同で面談する。試験といってもなんらむずかしい問題は出さず、ただ首実検《くびじっけん》と常識的問答を試みるにすぎない。であるから、固くなる必要は毛頭《もうとう》ないのだけれども、たいていの学生は固くなってしまう。ドアを排して入って来る瞬間から緊張している。これは、本当に気の毒であった。可《か》哀想《わいそう》でもあった。学苑で伸び伸びとしていた学生らが、この瞬間から娑婆《しゃば》臭くなるのであった」（『住友回想記』）。

また、鈴木馬左也の伝記によれば、住友は「大学卒業生採用に当って総理事始め殆《ほと》んどの重役が揃《そろ》って親しく面接の上、採用試験に当るのだ。他の会社の如く一《いち》人事部長や課長或《あるい》は秘書役位《くらい》に銓衡《せんこう》（＝選考）を任せて置くのではない。（中略）東大・商大（現在の一橋大学）の卒業者の採用面接にしても東京だけで彼此《かれこれ》一週間余の日数を要する。にも拘《かかわ》らず重役はわざわざ大阪から上京して其《その》期間、引き続き東京に滞在して専《もっぱ》ら採用試験にのみ没頭するのだ。或社員が、鈴木（馬左也）さんに、重役達が大半仕事を抛《なげう》って上京入社採用に当るのは、其《その》間事務《かんじむ》が渋滞し、業務に支障を来《き》たし、場合によっては商機を失し、損害をさえ蒙ると文句を云《い》った処《ところ》、鈴木さんは『私は、仮令《たとい》一週間仕事を留守にして、そのために事務に差しつかえ住友が損失を受けても、そんなことはかまわない。それは一時《いっとき》の損に過ぎない。しかし一人の天下の人材を取り逃がすための損失は永久であり、測り知る可《べか》らざるものがある。』と諭《さと》された。如何《いか》に鈴木さんが人材尊重主義に徹して居られるかがわかるだろう」（『鈴木馬左也』）。

次いで、採用される側であるが、一九一四年に東京大学を卒業した三村起一は入社試験の「試験場は日本橋の高島という旅館の一室、住友総理事鈴木馬左也、理事久保無二雄、住友銀行東京支店長の加納友之介氏らが試験官だった。（東京大学の）矢作《やはぎ》（栄蔵《えいぞう》）、小野塚《おのづか》（喜平次《きへいじ》）両先生が下ふるいにかけて百五十人が応募し、あとからの追加二名を加えて十一人しか採らなかったから、かなりの難関だった。朝の八時から夜の七時ごろまでぶっとおしで三日もかかった。長いのは二、三十分もはいったっきりで、冷や汗をかいて出てくる。『君は吉原（遊郭）へ行ったことがあるかね』などと図星《ずぼし》を指されて難問を浴びせられるらしい」（『私の履歴書　経済人6』）と述懐している。

同じく一九一四年の東京大学政治科卒で、のちに住友本社常務理事となる北沢敬二郎《きたざわけいじろう》（一八八九〜一九七〇）によれば、「いよいよ就職というわけであるが、前年（一九一三年）の十一月、私は法科の矢作栄蔵先生から、住友を希望するよう強くすすめられていた。時の住友総理事鈴木馬左也氏が、事業は人にあるとして、人材発掘にたいへんな熱意をもたれ、東大法科の金井延、小野塚喜平次、矢作栄蔵の三教授に住友希望者の予備選考を依頼されていたからであった。（中略）

　そのとき住友入社を希望した学生は七十人にのぼり、私たちは東京・日本橋区呉服町の島屋旅館で鈴木総理事、久保無二雄理事の面接試験を受けた。一人一人室に通され、私も何番目かに呼び入れられた」（『私の履歴書　経済人9』）という。

　少し時代が降《くだ》って一九三三年東京大学経済学部卒の伊《い》部《べ》恭之《きょうの》助《すけ》（一九〇八〜二〇〇一）によれば、「東大で住友を希望する学生は、法学部なら穂積重遠法学部長、経済学部は矢作栄蔵経済学部長の推薦がないと、受け付けてくれなかった。（中略）

　矢作先生の推薦で、ようやくこぎ着けた住友合資の面接は、部長クラス面接と、住友総理事の小倉正恒さんをはじめとする住友各社の社長による最終面接とに分かれていた。小倉さんは戦時中、近衛内閣で大蔵大臣になった逸材だ。

　最終面接は日本橋白木屋前の住友合資で行われた。学生六、七人が一度に会う集団面接方式で、会社側も各社トップが六、七人いたと思う。しかし、質問はほとんど小倉さんが仕切って、他の委員は時々口を出す程度だった。私が小倉さんに聞かれたことで覚えているのは

『学校の講義は休まずに出ているか』とか『酒はどんなところでどんな飲み方をしているのか』といったようなことばかりである。（中略）

全く予期していなかったことばかりを聞かれて戸惑ったが、考えてみると、その受け答えを通して、実によく人物を見極められていたと思う。学問や知能といったことはすべて学校の教授の推薦に任せる態であった」（『私の履歴書　経済人34』）。

まとめてみると、①住友側が主だった学校に推薦を求める（いわゆる指定校制度だったのではないか）。②学校側が候補者をふるいにかける。③総理事・理事が旅館などに缶詰めになって、一人一人を面談する――といったところであろう。

配属先希望を訊くor訊かない？

本社一括採用の場合、配属先希望について、訊《き》かれたとする説と、訊かれなかったとする説がある。

・一九〇九年銀行入社の**大島堅造**《おおしまけんぞう》（一八八七～一九七二）は「住友総本店（のちの住友本社）で綜合《そうごう》面接制度を採用し、それに合格した者は本人の意志を尊重して、できるだけ、その希望方面に差し向けることになっていた」（『一銀行家の回想』）

・一九一四年総本店入社の北沢敬二郎は「住友総本店に初出社したとき鈴木総理事、湯川理事の二人から希望の所属をたずねられた」(『私の履歴書　経済人9』)。

・一九二〇年総本店入社の岩切章太郎《いわきりしょうたろう》(一八九三〜一九八五)は当初銀行志望で願書を書いたが、知人の助言により「銀行志望を総本店志望に変更してもらった」(『私の履歴書　経済人8』)。

・一九二二年銀行入社の鈴木剛《すずきこう》(一八九六〜一九八六)は「学歴、性格、いろいろ調べて、銀行、鉱山と振り分けられる。志望者自身の希望を聞くということは全然なかった」(『私の履歴書　経済人21』)。

・一九三一年住友合資入社の長谷川周重《はせがわのりしげ》(一九〇七〜九八)は面接の場で、希望配属先を訊かれたという。少し長いが著書から引用しよう。

「面接試験には、父の友人である住友総理事の小倉正恒さん以下、理事や人事部長などがズラリと並んでいた。(中略)

『君は住友のなかでどこが希望か』

人事部長の質問に、せいぜい住友銀行の名前くらいしか知らなかった私は、

『銀行です』

と、答えた。すると、こう切り返された。

『銀行でなければいけないか。鉱山はどうか』

住友は別子銅山から業を興した歴史があり、『鉱山』は住友の中核事業であった。しかし、そのときは、私にはそんな予備知識はまったくなかった。

『鉱山はいやです』

一高時代に満州を旅行し、そのとき撫順《ぶじゅん》（中国の北東部にある都市）の炭鉱の鉱道を歩いた経験があるが、からだが大きかった私は、身を縮ませるようにして歩かなければならなかったので、たいへん苦労した思い出がある。それで、鉱山はとても務まらないと思ったのである。

『では、合資会社はどうか』

『合資会社とはなにをするところですか』

『住友の事業の統括を行うところだ』

合資会社の説明を聞いて、それなら面白そうだと思った。

『結構です』

私は住友へ行くことを決めた」（『大いなる摂理』）。

・一九三三年銀行入社の伊部恭之助は「合資に採用されたらどの部門を希望するかと聞かれたので『銀行以外はあまり志望しません』と答え、結局それが通った」（『私の履歴書　経済人34』）。

つまり、原則として配属先希望を聞いていた可能性が高い。唯一、希望を訊かれなかったと証言しているのは鈴木剛だけであり、鈴木の証言は勘違いか、もしくはその時（中田総理事の時代）にたまたま希望を訊かなかったかのいずれかではないか。

採用面談の常套質問

官僚を中途採用して経営の中枢に充てた住友財閥では、国家意識が極めて強かった。その意識が採用面談の質問にあらわれている。住友の入社試験では「住友と国家の利益が相反《あいはん》する場合はどちらをとるか」との質問が出され、「住友の利益を先にとる」と答えた受験生は落第になったという。ちなみに「国家の利益を先に考える」という答えは及第点、一番良い答えは「国家の利益と相反するような事業には、住友は手を出さないはず」という徹底したものであった。

北沢敬二郎によれば、「最初の質問は『国家の利益と住友の利益が相反した場合あなたはどうするか』というのであった。私は昂然《こうぜん》として『国家は最高の道徳なりということばがあります。住友は国家あっての住友であるわけですから、国の利益に反して住友の利益があるとは思いません。しかし、そういうことが実際にあって国の利益をおかしてまで住友の利益を図れという命令があったなら、私はいさぎよく住友をやめます』と答えた。入社を希望して来ていながら、初めから退社を言い出したのは変なものだったが、鈴木総理事は『けっこうです。お帰りください』と言われ、面接はたったの三、四分で終わってしまった」（『私の履歴書　経済人9』）。

この質問は北沢だけではなく、鈴木剛に対しても行われた。「採用にあたって重役何人かの画接もあった。『君が住友に入社したのち、住友の利益と国家の利益が、相反する問題にぶつかった場合、どちらを選ぶか』という質問があった。私は即座に『もちろん国家の利益を考える』と答えた。あとで聞いたところ、それがよかったらしい。当時の幹部には元総理事の伊庭貞剛さんをはじめ、禅や朱子学《しゅしがく》に凝った方が多く、大局に立ち、公益を重んずる姿勢が強かった」（『私の履歴書　経済人21』）。

几帳面で理屈臭い社風の醸成

先述した通り、三菱の採用面接でよく訊かれる質問は「酒はどれくらい飲めるか？」であった。住友の質問とは天と地ほど違う。その結果、豪傑揃いの三菱に比べ、住友で採用される人材は秀才型に収斂《しゅうれん》されていったという。

住友財閥では「年々歳々諸方の学校卒業生らを採用するに当っても、住友は、学業成績に重点を置き、秀才型の人間を最も歓迎した。こういう秀才等が集合すると、必然に、暢気《のんき》なところがなくなり、几帳面《きちょうめん》で、理屈臭くなる。約束は固く守り、規則は励行《れいこう》するけれども、いやしくも法に外《はず》れたり、前例のないことなどは『まずやめて置くがよろしかろう』ということになる」。そのため、「住友の社風は正しく、つつましく、そして強健であった。これは実業界のどこに押出してもヒケを取らない。けれども、何となく野暮《やぼ》でもあった」（『住友回想記』）

中央集権的な組織風土

住友財閥は三井や三菱に比べて小規模だったこともあって、本社が財閥直系企業（住友財閥では連系会社という）を完全に支配下に置くだけの余裕があり、本社機構が強力な権限を有していた。

連系「各社・各部門の自由裁量は非常に制限され、詳細な計画書・報告書の提出義務を通じて強度の中央集権制が確立していた。住友吉左衛門は形式的決裁にとどまり、実質は総理事を中心とする理事会（専門経営者）が掌握、本社機構にはそれを支える多数・強力なスタッフ（資金面では経理部が担当）が集められていた」（『財閥金融構造の比較研究』。カッコ書きは原文ママ）。

また、住友財閥は新入社員を本社で一括採用しており、本社―連系会社間の人事の行き来が頻繁に行われていた。特に事務系スタッフにその傾向が著しかった。

・土井《どい》正治《まさはる》　本社↓住友金属工業↓本社↓住友化学工業
・田路《とうじ》舜哉《しゅんや》　本社↓別子鉱業所↓住友肥料製造所↓本社↓住友金属工業↓住友商事
・北沢敬二郎　本社↓住友電線製造所↓住友倉庫↓住友生命保険↓本社
・河井《かわい》昇三郎《しょうざぶろう》　住友伸銅所↓別子鉱山↓住友製鋼所↓本社

連系会社は独立した企業ではあるが、人事の上から見ると、住友本社の一部署でしかないことがよくわかる。「給与待遇も合資で決定した基準を連系各社にもそのまま準用するように定められ、学卒者の昇給賞与などは、その都度個人別に合資に協議させていた。すなわち、住友の事業に従事している職員は全て住友の職員であり、必要によってどの事業、どの会社へも転勤が自由に行なえる体制をとっていた（中略）総理事以下、（住友）合資はじめ全連系会社の職員が一冊の職員録に記載され、俸給順に序列が明らかにされている。この職員録のベースとなる個人別履歴簿は合資が保管し、全体を一事業として人事運営を行なうことによって、財閥としての一体的活動を可能としていたのである」（『私の住友昭和史』）。住友では他財閥には見られないほどの中央集権的な人事が行われていた。

独立王国「住友銀行」

ただし、住友財閥にあっても、はじめに配属されたら、他部署に転ずることなく、そのまま上に行く独立王国があった。住友銀行である。

麻島昭一氏は、住友「銀行は株式会社に組織変更してから、財閥内でも閉鎖的な独立王国の観があり、原則として他事業所との人事交流はなかったようである」(『住友財閥の経営者層の考察』)と指摘している。なお、同様の感覚は当時の住友財閥内でもあったらしく、川田順は「由来住友で洋行したのは、技師が最も多く、次は銀行員少々ぐらいなもので、ただの事務員で海外へ留学させられた者は皆無といってもよかった」(『住友回想記』。傍点引用者)と語っている。通常では事務員に包含される「銀行員」が、事務員とは別の概念として位置づけられていたのだ。

徹底した人事管理

住友財閥の中央集権的な姿勢は、連系会社に対してだけではなく、従業員に対しても作用していた。本社の人事部門が幹部候補生の特性を確実に把握し、「個々人の能力差による昇給格差はかなりはっきりしていた。形式としては直属上司から昇給申請が本社へ出されたが、この申請をうけて決定をくだす本社のトップは、申請の内容と自分自身の評価とを相関的に検討できるほどに、一人一人の社員をかなり知っていた。ということは、住友の規模そのものがそれほど大きくなく、大学出の幹部候補生の数が限られていたからともいえるが、もっと大きな理由は、本社トップの若手社員に対する日常の関心の成果であった」(『中公新書129　財閥』)。

また、幹部クラス同士の相互評価に関心が強く、「ひとたび『あの人物は駄目《だめ》だぞ』と思われたら、なかなか月給が上らないのがふつうだった。(中略)もちろん上司と部下との間にも〝合い性〟みたいなものがあって、運の悪い人もたまにはいた。したがって若い頃みとめられなかった人が晩年になって急によくなるといったケースはあった。しかしいずれにせよ『人間的によくない』といわれるような人はどっちみち昇進も昇給もできなかった」(『中公新書129　財閥』)。

第三節　幹部社員のヘッドハンティング

官僚などを招聘

鈴木馬左也は、中上川彦次郎のように採用した学卒者をすぐに支店長クラスに登用するような無茶な真似をしなかった。そうなると、即戦力をどこかから調達してこなければならない。一九〇九年に東京高商を卒業して住友銀行に入社した大島堅造は「鈴木総理事は社業を興すには人材の養成が先決問題だ、それには時間がかかるから、外部にいい人があればそれを迎えたいというのが念願であったようだ」(『一銀行家の回想』)と語っている。

一九一八年に逓信省(現在の総務省、NTT)から住友に転じた大屋敦《おおやあつし》(一八八五〜一九七〇)は「三井、三菱などに比べると住友は家系こそ古いが、やっている仕事というものは別子銅山関係のものに限定されていて、当時の実力は三井、三菱とはだいぶ開きがあった。住友の発展を考えるためには、どうしても外部から人材を集め、従来の丁稚《でっち》、番頭制度から近代的経営形態へ移行する必要があった。ところが外から人材をとってくるとなると、その頃は役人のほかにはいなかったわけです。(中略)しかし私が住友へ入る頃から情勢は一変して、住友内部で養成した人々が成長し経営の主体になるというふうになってきていた」(『中公新書129　財閥』)。

一九〇七年の学卒者採用第一期・川田順は「大正中期の住友には役人の古手を買う悪癖《あくへき》があった」と苦々しく述懐している(『住友回想記』)。しかし、川田は満四八歳で理事に登用されており、他財閥に比べれば若い方だと思うのだが。

鈴木の十四会人脈?

即戦力採用はどうしても個人的な人脈に頼らざるを得ない。そこで、注目されたのが鈴木馬左也の石川県人脈である。これにはじめに着目したのは森川英正氏らしい。「鈴木馬左也

【鈴木馬左也が招聘した人たち】

氏名	生年	入社年	前職	森川英正氏の解説
中田錦吉	1865	1900	東京控訴院部長	平沼騏一郎の紹介を受けた鈴木の推挽
志立鉄次郎	1865	1900	（日銀西部支店長）―九州鉄道	
久保無二雄	1866	1910	学習院教授	鈴木が大浦兼武逓相から推薦を受けた
湯川寛吉	1868	1905	逓信省東京管理局長	鈴木の三兄秋月左都夫の推薦
山下芳太郎	1871	1918	外務省	
小倉正恒	1875	1899	内務省山口県参事官	石川県人。金沢の第四高等中学校の卒業生
草鹿丁卯次郎	1867	1918	第四高等学校教授	石川県人
大平駒槌	1869	1922	藤田組	
松本順吉	1873	1922	内務省	石川県人。金沢の第四高等中学校の卒業生

※森川英正『財閥の経営史的研究』より作成。「生年」は引用者が補記した

は宮崎県高鍋の出身であり、第一高等中学校を卒業しているが、明治九年から一〇年にかけて金沢市の石川県立啓明学校に学んだ経験がある。その時の同級生が数学者であり、四高校長、東北帝大総長等を歴任した北条時敬《ほうじょうときゆき》で、その縁で北条の友人平沼騏《ひらぬまき》一郎《いちろう》やその他多くの石川県出身者に知己を有していた。小倉ら二人もこの線で住友入りした」（『財閥の経営史的研究』）。

これをさらに発展させたのが企業者史を専門とする瀬岡誠《せおかまこと》氏である。瀬岡氏は北条時敬・平沼騏一郎が「十四会」という会合のメンバーであることに注目し、鈴木馬左也の人格形成およびその人脈に多大な影響を与えたとする。「この『十四会』は『出身地。出身校・血縁などを媒介要因として参集した前途

有為の青年たちが、宗教（とくに禅宗）・学問・思想・武芸などの共同学習や鍛錬を通じて互いに強靱《きょうじん》な主体性を確立しあうことを目的として結束した、連帯性がきわめて高い結社』であったと考えられる」。「『十四会』は会員の数にちなんで名付けられたとも、明治14年（1881）の結成にちなんで名付けられたともいわれるが、そのメンバーの大半が金沢出身者であり、東大予備門出身者であったといわれる。北条時敬・織田小覚《おだしょうかく》・早川千吉郎《はやかわせんきちろう》・土岐《とき》僙・永山近彰・平山銓太郎・岡田良平《おかだりょうへい》・一木喜徳郎《いちききとくろう》・平沼騏一郎・岡田次郎作・中橋徳五郎《なかはしとくごろう》・河村善益《かわむらよします》・鈴木馬左也らがそのメンバーとしてあげられている」（『近代住友の経営理念』）。

ちなみに、平沼騏一郎は岡山県出身、岡田良平・一木喜徳郎兄弟は静岡県出身である。この「十四会」が石川県の会合だと勘違いしそうになったのだが、実際は東京（もしくはその近郊）で開催されていたと考えられる。結成された一八八一年は北条時敬・土岐僙《こう》が東大予備門（のちの旧制一高）を卒業した年なので、両者が東京大学に入学してから、知人に声を掛け、発足したのではないか。

実は一高閥

森川英正氏は鈴木馬左也と平沼騏一郎の関係について、鈴木馬左也の石川県立啓明学校の

【鈴木馬左也の東京大学予備門人脈】

【東京大学予備門】

卒業年	学科	氏名	出身地	就職先	備考1	備考2
1881卒	理科	北条時敬	石川	旧制第四高校教諭		十四会
		土岐僙	東京			十四会

1年先輩

1882卒	法科	植村俊平	山口	東大助教授→日本銀行	1900住友入り	

1年先輩

1883卒	文科	鈴木馬左也	宮崎	内務省	1896住友入り	十四会
		内田康哉	熊本	外務省		
		岡田良平	静岡	旧制第一高等中学校教諭		十四会
		一木喜徳郎	静岡	内務省		十四会
		早川千吉郎	石川	大蔵省	1900三井入り	
	法科	平沼騏一郎	岡山	司法省		十四会
		平山銓太郎				十四会
	理科	小幡文三郎	石川	海軍	1913住友入り	

2年後輩

1885卒	文科	志立鉄次郎	島根	日本銀行→九州鉄道	1900住友入り	

2年後輩

【第一高等中学校】

1887卒	英法科	中田錦吉	秋田	司法・東京控訴院	1900住友入り	
	独法科	湯川寛吉	和歌山	逓信省	1905住友入り	

※『第一高等学校同窓生名簿(昭和61年版)一高同窓会編』等より作成

同級生が北条時敬で、北条の友人が平沼騏一郎だと説明している。しかし、鈴木馬左也と平沼騏一郎は東大予備門を一八八三年に卒業した同期生なので、わざわざ北条を介する必要がない(鈴木が文科で平沼騏一郎が法科ではあるが)。

同様に岡田良平・一木喜徳郎・早川千吉郎(以上、文科)、平山銓太郎(法科)も鈴木と東大予備門の同期である。鈴木の東大予備門入学は一八七八年だから、かれらとは「十四会」結成

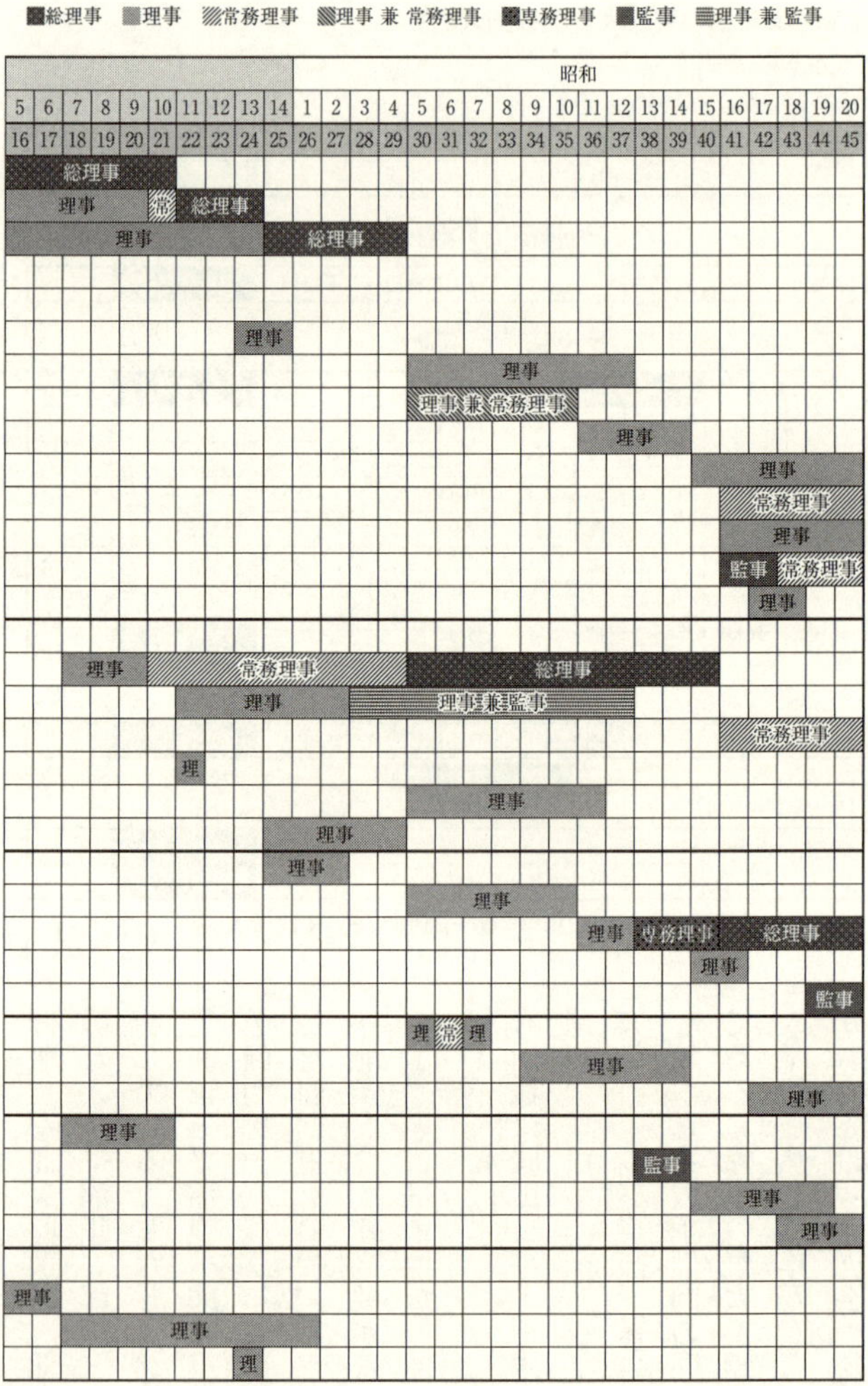

総理事
理事
常務理事
理事 兼 常務理事
専務理事
監事
理事 兼 監事
昭和
5 6 7 8 9 10 11 12 13 14 1 2 3 4 5 6 7 8 9 10 11 12 13 14 15 16 17 18 19 20
16 17 18 19 20 21 22 23 24 25 26 27 28 29 30 31 32 33 34 35 36 37 38 39 40 41 42 43 44 45
総理事
理事
常
総理事
理事
総理事
理事
理事
理事 兼 常務理事
理事
理事
常務理事
理事
監事
常務理事
理事
理事
常務理事
総理事
理事
理事 兼 監事
常務理事
理
理事
理事
理事
理事
理事
専務理事
総理事
理事
監事
理
常
理
理事
理事
理事
監事
理事
理事
理事
理事
理

【鈴木馬左也以降の理事】

					明治														大正			
					31	32	33	34	35	36	37	38	39	40	41	42	43	44	1	2	3	4
氏名	出身	高校	生年	学歴	1898	99	00	01	02	03	04	05	06	07	08	09	10	11	12	13	14	15
鈴木馬左也	宮崎	一高	1861	東京大学(文)	理事						総理事											
中田錦吉	秋田	一高	1865	東京大学(文)						理事												
湯川寛吉	和歌山	一高	1868	東京大学(文)													理事					
植村俊平	山口	一高	1863	東京大学(文)				理														
志立鉄次郎	島根	一高	1865	東京大学(文)						理事												
吉田良春	福岡	一高	1866	東京大学(文)																		
八代則彦	鹿児島	一高	1872	東京大学(文)																		
川田　順	東京	一高	1882	東京大学(文)																		
国府精一	岡山	一高	1880	東京大学(文)																		
春日　弘	長野	一高	1885	東京大学(文)																		
北沢敬二郎	山形	一高	1889	東京大学(文)																		
三村起一	兵庫	一高	1887	東京大学(文)																		
河井昇三郎	静岡	一高	1890	東京大学(文)																		
小林晴十郎	群馬	一高	1891	東京大学(文)																		
河上謹一	山口	?	1856	東京大学(文)		理事																
小倉正恒	石川	四高	1875	東京大学(文)																		
松本順吉	石川	四高	1873	東京大学(文)																		
田中良雄	富山	四高	1890	東京大学(文)																		
大平駒槌	広島	三高	1869	東京大学(文)																		
今村幸男	奈良	三高	1874	東京大学(文)																		
肥後八次	鹿児島	五高	1875	東京大学(文)																		
本荘熊次郎	山口	?	1868	東京大学(理)																		
秋山武三郎	山形	二高	1873	東京大学(理)																		
古田俊之助	京都	六高	1886	東京大学(理)																		
大屋　敦	東京	一高	1885	東京大学(理)																		
梶井　剛	東京	一高	1887	東京大学(理)																		
鷲尾勘解治	兵庫	五高	1881	京都大学(文)																		
山本信夫	滋賀	?	1880	京都大学(理)																		
吉田貞吉	宮崎	五高	1883	京都大学(理)																		
山下芳太郎	愛媛	−	1871	東京高商																		
大平賢作	新潟	−	1880	東京高商																		
岡橋　林	福岡	−	1883	東京高商																		
大島堅造	群馬	−	1887	東京高商																		
藤尾録郎	三重	−	1855	慶応義塾		理事																
久保無二雄	三重	−	1866	ドイツ留学													理事					
草鹿丁卯二郎	石川	−	1867	東京外語																		
岡田宇之助	兵庫	三高	1872	東京法学院																		

※「学歴」の"(文)"は文系学科、"(理)"は理系学科卒であることを示す

以前から交流を深めていた可能性が高い。

瀬岡氏は、旧制四高出身の小倉正恒と小幡酉吉《おばたゆうきち》（外交官）の交流を紹介した後、「なお大正に入り、鈴木は住友の伸銅場を伸銅所とし、小幡（酉吉）の兄の小幡文三郎《おばたぶんざぶろう》をその所長（重役待遇）として迎えている。当時51歳の文三郎は予備海軍造船少将で鈴木とは十四会系準拠集団を通じて交流があった」（『近代住友の経営理念』）と指摘しているが、小幡文三郎もまた鈴木と東大予備門の同期（理科）であり、わざわざ十四会を経由する必要がない。

鈴木馬左也の経営理念に禅宗が影響を与えたという森川氏・瀬岡氏の説に異議を唱えるつもりはないが、十四会人脈には再考の余地があるのではないか。

石川県閥はあったのか

森川氏は「小倉、草鹿、松本の三名はいずれも石川県人であり、とくに小倉と松本は金沢の第四高等中学校の卒業生である」（『財閥の経営史的研究』）と述べている。では、第四高等中学校（＝旧制四高）の卒業生は学閥を形成するほど大量にいたのか。そして、出世するのに有利だったのだろうか。

そこで、鈴木馬左也が理事に就任して以降、一九四〇年までに就任した理事を一覧にして確認してみよう。鈴木を含めて三七人のうち、おおよそ八割弱にあたる二九人（七八・四％）

が帝大卒で、さらにいえば七割強の二六人（七〇・三％）が東京大学卒なのだ。住友財閥が帝大閥・東大閥であることがよくわかる。このうち、旧制四高卒は小倉と松本順吉を含めても三人しかおらず、石川県生まれも三人しかいない。これに対して、最大派閥を誇っているのが旧制一高卒で一六人。実に帝大閥の過半数を占めている。住友財閥で経営理念を語るには石川県がキーワードになるかもしれないが、学閥を語るならば旧制一高閥なのである。

第四節　一九四〇年の学歴構成

一九四〇年の学歴構成

ダイヤモンド社編『ポケット会社職員録　昭和十六年版』から住友財閥の主要会社に掲載されている役員および幹部を集計した。

一九四〇年時点の住友財閥の直系企業（連系会社）は、住友銀行、住友信託、住友生命保険、住友倉庫、住友金属工業、住友鉱業、住友化学工業、住友電気工業、大阪北港で、これに住友本社が加わる（ただし、住友生命保険の支部長クラス三四人を除いた。明らかに学歴が異なる集団だったからである）。人数は三三一人。平均年齢は四七・四歳。最年長は住友銀行監査役・植野繁太郎の八〇歳（万延《まんえん》元年生まれ）。最年少は住友生命保険代理店課長心得・光谷歳の三二歳。ともに東京高商卒である。

住友一族および社外取締役は集計から除き、役員兼任で重複している者はいずれかの企業に振り分けた。ちなみに、住友一族で役職に就いているのは当主の住友吉左衛門のみ、何社かの取締役を兼務している。

住友としては多いが、他財閥に劣る東大閥

一九四〇年における住友財閥の学歴構成の特徴は、以下の二点に集約される。
①東京大学卒が多いが、三菱と違って理系（六・三％）より文系（二三・九％）の差が大きい。
②商業学校卒が四二人（一二・七％）と異様に多い。
以下、順にみていこう。

まず、東京大学理系であるが、東京大学採鉱冶金科卒は、のちの総理事・古田俊之助一人しかいない。帝大卒全体に拡げても採鉱冶金科系は六人（四・五％）のみ。なお、三菱財閥は採鉱冶金科（採鉱科、冶金科を含む）が一五人である。住友財閥では採鉱冶金系出身者が圧倒的に少ない。このことが東京大学理系全体の採用数に響いているものと考えられる。

ちなみに、住友財閥幹部の帝大理系卒の出身学科を大まかに分けると、採鉱冶金系以外は、化学科（応用化学科を含む）が一〇人（七・六％）、電気科が七人（五・三％）、機械科（機械

【住友財閥における幹部社員の学歴構成（1940年）】

	住友本社	住友銀行	住友信託	住友生命保険	住友倉庫	住友鉱業	住友化学工業	住友金属工業	住友電気工業	大阪北港	総計	(%)		
東京大学(理	3			2			4	6	5	1	21	6.3		
東京大学(文	18	22	12	4	6	2	2	8	3	2	79	23.9	30.2	
京都大学(理	1					3	4	1	1		10	3.0		
京都大学(文	1	12	5	1	1		2	1	1		24	7.3	10.3	
他帝大	1			1		1	2	5			10	3.0		43.5
東京高商	5	22	5	4	5	2	5	5	3	1	57	17.2		
神戸高商	2	11	7	2	1		1		1	1	26	7.9		
(他高商	1	2	4	1	1	2	1				12	3.6		28.7
慶応義塾				1							1			
(他大学	2	3	1	10	2	3	3	3		3	30	9.4		9.4
商業＋高卒		27	5	3	6	1					42	12.7		
中学＋不明		2	5	7	2		2			1	19	5.7		18.4
総計	34	101	44	36	24	14	26	29	14	9	331	100.0		

※ダイヤモンド社編『ポケット会社職員録　昭和十六年版』、および興信録等より作成
※割合（%）以外の数字は人数を示す

【帝大理系卒の出身学科分布（1940年）】

	住友鉱業	住友化学工業	住友金属工業	住友電気工業	住友本社	住友生命保険	大阪北港	総計	理系（%）	全体（%）
化学・応用化学科		6	3	1				10	25.0	3.0
電気科	1	1		5				7	17.5	2.1
採鉱冶金・採鉱・冶金科	2		1		3			6	15.0	1.8
機械・機械工学科	1		4					5	12.5	1.5
農学系		2			1			3	7.5	0.9
物理科			3					3	7.5	0.9
その他					1	2	1	4	10.0	1.2
(不明		1	1					2	5.0	0.6
総計	4	10	12	6	5	2	1	40	100.0	12.1

工学科を含む）が五人（三・八％）である。

当たり前ではあるが、化学科卒は住友化学工業に多く、電気科は住友電気工業、機械科は住友金属工業が多い。これらに対し、住友鉱業には採鉱冶金科がいない。住友財閥は三井・三菱に比べて鉱山経営の規模が小さかった。採鉱冶金科の学生にとって、同社の魅力が低かったのだろう。

一方、東京大学文系であるが、住友銀行（二二人）、住友信託（一二人）、および住友本社（一八人）が圧倒的に多く、この三社で全体の三分の二（六五・八％）を占めている。住友信託は一九二五年に設立された比較的若い企業で、銀行からの転籍が多いと想定される。先述した通り、住友銀行は他社と人事交流がない「独立王国」であるから、東京大学文系の多くは住友銀行（+住友信託）に振り分けられたと考えるべきであろう。

なお、各社の事実上のトップ（専務・常務を含む）の学歴を調べたところ、すべて東京大学卒だった。住友財閥は結局、東大閥だといえるのだろう。

異様に多い商業学校卒

次いで、商業学校卒が四二人（一二・七％）と異様に多い点について。一九四〇年の三菱財閥では二五三人のうち、商業学校卒が一〇人（四・〇％）、三井財閥は三五〇人のうち一

【住友銀行の学歴分布】

	帝大	高商	他大学	商業学校他	総計
役員	3	9			12
所長・参事	2				2
検査役・秘書	1	2		2	5
課長	3	3		1	7
支店長	25	21	3	26	75
	34	35	3	29	101

【五大銀行の支店数】

社名	東京	横浜	名古屋	京都	大阪	神戸	小樽	外国	その他	合計
三井銀行	2	1	2	1	4	1	1	5	5	22
三菱銀行	12		1	1	4	2	1	4		25
住友銀行	19	1	2	3	25	3		8	18	79
安田銀行	25	1	1	5	17	3			76	128
第一銀行	22	1	2	5	6	3			19	58
合計	80	4	8	15	56	12	2	17	118	312

※『日本コンツェルン全書（XII） 財界人物読本』より作成。一部、各行社史によって補正している

〇人（二・九％）で、商業学校に類する師範学校卒などの三人を加えても一三人（三・七％）に過ぎない。両者に比べて、住友財閥における商業学校卒の人数は他を圧倒している。

　商業学校卒の多くは住友銀行行員である。実に四二人のうち、二七人（六四・三％）が住友銀行なのだ。ただし、商業学校卒のほとんどは支店長止まりで、課長が一人いるに過ぎない。

これには、住友銀行の支店数が三井銀行・三菱銀行に

【住友銀行と三井銀行の店舗数】

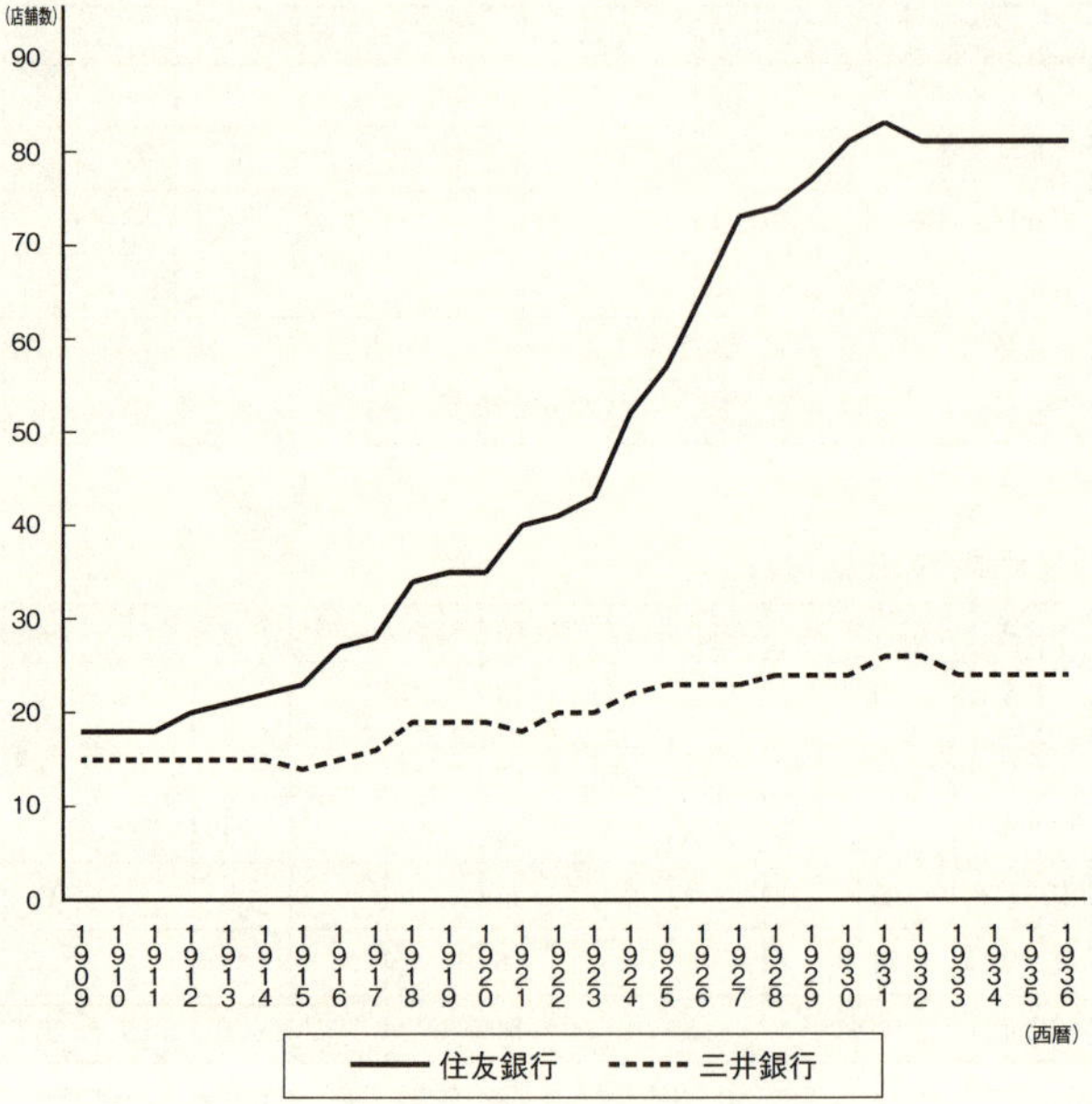

※『住友銀行八十年史』『三井銀行八十年史』より作成

比べて多いことが関連している。一九三〇年代後半の支店数を比べると、三井銀行が二二店、三菱銀行が二五店に比べ、住友銀行は七九店舗。その差はおおよそ三倍以上あるのだ（ちなみに、傘下の銀行を大合同した安田銀行は一二八店舗！である）。

五代目総理事・湯川寛吉は優秀な人物で、彼は一九一五年に住友銀行常務（行務総轄者）に就任し、二五年の総理事就任にともない離任するが、翌二六年に社長の住友吉左衛門友純が死去すると、取締役会長を兼務している。住友銀行は湯川の常務就任時（一九一五年）に一三店舗しかなかったものが、常務離任時（一九二五年）には五七店舗、さらに会長離任時（一九三〇年）に八一店舗と倍々ゲームで店舗数を増やしている。支店数の急増で支店長にあてる学卒者（大卒・高商卒）が足りなくなり、商業学校卒で充当したのではないか。戦後においても、住友銀行は熾烈《しれつ》な人事競争を展開した「モーレツ」企業だったが、その萌芽《ほうが》は支店長クラスに比較的容易に昇進できる戦前の人事構造に内包されていたに違いない。

住友財閥では一九〇七年から一括採用をはじめたが、思うような採用が出来ていなかった可能性が高い。住友では採用時に配属先の希望を聞いていた。おそらく東京大学文系卒は本社・銀行以外を希望しなかったのではないか。鈴木馬左也が採用に時間をかけたのは、住友ブランドでは思うような人材が簡単に集まらなかったので、熟考せざるを得なかったのだろう。その結果、人材の層の厚さも不十分で、銀行では商業学校卒で充当せざるを得ず、銀行以外では何社も渡り鳥をする経営者層が出現したのではないか。

第五節　一九九九年の学歴構成

分析対象や使用資料

住友でも現在（一九九九年）の状況について附言しておこう（なぜ、一九九九年なのか、どういった資料を使うのかは三菱財閥の章で説明したので省略する）。

住友グループ企業というと、一般的には社長会「白水会《はくすいかい》」加盟メンバーを指すが、ここでも戦前に連系会社でなかった企業、戦後発祥の企業は除いた。

強い旧帝大卒

東京大学卒が戦前の三割強（三〇・二％）から二割半強（二五・三％）に減少しているが、東京大学以外の旧帝大卒が三倍近くに激増している（一三・三％→三九・〇％）。特に京都大学（一〇・三％→二二・一％）・大阪大学卒（〇％→九・六％）の増加が著しい。地元関西の京都大学・大阪大学があるのだから、あえて東京大学卒にこだわる必要はなかろうという、関西商人のしたたかな打算が透けて見える。

かくして東京大学以下の旧帝大卒が占める比率は、半数以下（四三・五％）から六割半弱

（六四・二％）まで激増した。

一方、東京高商卒は一七・二％から五・八％に激減。関西を基盤とする神戸大学卒（旧神戸高商卒）ですら減少している（七・九％→四・七％）。旧帝大卒の擡頭《たいとう》に、旧高商という看板では立ち向かえなかったということか。

私大の雄も躍進

三井・三菱・住友財閥の資産比較は七対五対二といわれ、住友と三井・三菱の差は歴然であった。それが一九四五年頃には国内会社の払込資本金額の比で一〇対九対六くらいに差が縮まり、さらに一九六〇年代には六対一〇対八くらいになり、ついには三井を凌《しの》いだ。当時の三菱商事社長・藤野《ふじの》忠次郎《ちゅうじろう》は、住友に学ぶことは多々あるが、三井に学ぶことは何もないと喝破したといわれる。

住友の名声は関東にも轟《とどろ》き、戦前にほぼいなかった慶応義塾卒（〇・三％）が一割強（一〇・二％）に激増。早稲田大学卒も増加している（〇・六％→四・七％）。住友財閥は私大卒（主に関西系）を結構採用していたが（五・七％）、早稲田・慶応卒の擡頭に従って減少した（三・五％）。

高卒以下は少ない（二人。〇・六％）、中卒以下・不明はいない。たまたま一九九九年のデータでは高卒の住友銀行役員はいないが、かつては商業高校卒の副頭取が存在した。住友銀行の営業攻勢の激しさは有名で、その代わり、成績がよければ高い学歴がなくても役員になれた。これは戦前の支店急増で高卒以下でも支店長になれた人事構造が残っているからではないか。一方、東京三菱銀行はいくら営業成績をあげても人事に影響しない超学歴会社だったため、バブル期にさえ踊らず、バブルの傷が浅かったと噂されている。

日本電気	総計	(%)			1940年(%)	1999年との比較
7	25	7.3			6.3	0.9
6	62	18.0	25.3		23.9	-5.8
5	28	8.1			3.0	5.1
1	48	14.0	22.1		7.3	6.7
1	17	4.9				4.9
	16	4.7	9.6			4.7
1	13	3.8			2.7	1.1
1	12	3.5	7.3	64.2	0.3	3.2
2	20	5.8			17.2	-11.4
1	16	4.7			7.9	-3.2
	2	0.6			0.3	0.3
5	20	5.8		16.9	5.4	0.4
7	35	10.2			0.3	9.9
1	16	4.7			0.6	4.0
1	12	3.5			5.7	-2.2
	0	0.0		18.3	0.6	-0.6
	2	0.6			12.7	-12.1
	0	0.0		0.6	5.7	-5.7
39	344	100.0		100.0	100.0	

【住友グループにおける役員の学歴構成（1999年）】

	住友銀行	住友信託銀行	住友生命保険	住友倉庫	住友商事	住友石炭鉱業	住友金属鉱山	住友重機械工業	住友化学工業	住友金属工業	住友電気工業
東京大学（理）					1		1	2	1	5	8
東京大学（文）	11	6	4	3	4	3	1	4	10	5	5
京都大学（理）			2		2		2	2	4	5	6
京都大学（文）	11	5	7	5	7	2		1	3	3	3
大阪大学（理）					2		2	4	2	2	4
大阪大学（文）	6	2	1		3			1	2	1	
他旧帝大（理）					1	1	3		3	2	2
他旧帝大（文）	1	1	3		1		4			1	
一橋大学	3		4	1	2	1	1			2	4
神戸大学		7	2		2			1	1	1	1
東京工業大学								1	1		
他国公立大学	1	1	2		4	2	1	2		2	
慶応義塾大学	5	6	2	3	4	2	3	1		2	
早稲田大学	1	2	1	4	4		2	1			
他私立大学		2	3	2		2		1		1	
海外ほか											
高卒・商業以下						2					
不明・記載なし											
総計	39	32	31	18	37	15	20	21	27	32	33

※東洋経済新報社編『東洋経済別冊　役員四季報　2000年版』より作成
※割合（%）以外の数字は人数を示す

第四章　安田財閥

第一節　初代・安田善次郎

安田財閥の章立て

安田財閥の学卒者採用は左記の三段階に大別できる。

①初代・安田《やすだ》善次郎《ぜんじろう》は学卒者を採用しない。

②養子の安田善三郎《ぜんざぶろう》が善次郎に遠慮しながら学卒者をちびちび採用して失敗。

③善次郎の死後、結城豊太郎《ゆうきとよたろう》が学卒者を大量採用する。

結城豊太郎は一九二九年に事実上更迭《こうてつ》されるのだが、それ以降も結城流人事を踏襲していったと考えられるので、結城以降のトップマネジメントの記述は割愛し、最後に一九四〇年、一九九九年の学歴構成を追記したい。

安田銀行・第三銀行の創業

初代・**安田善次郎**（一八三八〜一九二一）は越中《えっちゅう》国婦負《ねい》郡富山町（現在の富山市、安田記念公園の所在地）に、富山藩士の四代目・安田善次郎（のちの善悦《ぜんえつ》）の長男として生まれた。幼名を岩次郎といい、のちに忠兵衛、善次郎と名乗った（つまり、本当は五代目なのだが、本書では「初代・安田善次郎」で表記を統一する)。

安田家は半農半士の家柄で、善次郎は武士身分での栄達が困難と悟り、商人として身を立てるべく江戸に出奔。玩具《がんぐ》店、両替商に奉公した後、両替商兼鰹節《かつおぶし》・海苔《のり》小売として独立し、両替商「安田商店」として大成した。

明治維新後、善次郎は一八七六年に第三国立銀行を設立、一八八〇年に安田商店を合本《がっぽん》安田銀行に改組した(合本会社とは株式会社のような会社形態)。善次郎は第三国立銀行を公的な銀行、安田銀行を私的な融資にと使い分け、この二つの銀行を柱に地方銀行を系列化。保険業にも手を拡げ、共済五百名社《きょうさいごひゃくめいしゃ》(安田生命保険を経て、現・明治安田生命保険)、東京火災保険(安田火災海上保険を経て、現・損害保険ジャパン)、帝国海上保険等を傘下に収めた。また、非金融事業分野(倉庫、海運、製釘《せいてい》、綿糸紡績等)にも手を拡げ、それら事業を糾合して九九年に安田商事を設立した(が、同社は大きく発展しなかった)。

安田保善社の設立

善次郎は三井家の繁栄に憧《あこが》れ、「三井十一家」に倣って安田「同族一〇家」(同家六家、分家二家、類家二家。のちに分家と類家はともに三家ずつとなる)を創出した。善次郎には四男二女しかいなかったので、かつての恩人の子を養子に迎え、無理矢理一〇家を揃えた。

そして、善次郎は安田家の資産の維持・保全を確かなものとするため、一八八七年に安田家の資産管理会社として保善社（一九二五年に安田保善社と改称）を設立した。

当時、安田財閥の司令塔は安田銀行が担っていたが、銀行業と他事業管理の兼務が徐々に困難になり、財閥本社の設立構想が持ち上がった。そこで、保善社を改組して、その役目を担わせたのだ。一九〇五年に保善社に業務機構を設置、専属の職員を確保して体制を整えた。一方、合名会社組織だった財閥直系会社を株式会社化し、その株式を保善社に移して持株会社化していった。

仕事に英才は不要

初代・安田善次郎は「高い俸給を払って、英才を集めて仕事に従事させる必要は認めない」主義で、中学・商業学校の志願者から優秀者を選抜して安田邸に寄宿させ、昼は銀行で実務を習い、夜は学科教育を受け、終了後に安田銀行に配属していた。

金融機関といえば、現在では有名大学卒が集うエリートの職場と考えられがちであるが、江戸時代の両替商の延長で経営できるのだから、製造業と違って欧米技術の導入は不要。学卒者を雇う必然性はない。経営戦略は自分が考えるから、行員は算盤《そろばん》ができて、帳面が付けられればよいというのが、初代・安田善次郎のスタンスだった。

善次郎の番頭で、保善社理事の竹内悌三郎《たけのうちていざぶろう》（一八七五～一九三三）という人物がいたが、一説によると、初代・安田善次郎が硫黄《いおう》鉱山を物色するため、北海道を巡察した際、「安田が、晩食の後、按摩《あんま》（≒整体師）を呼んで呉《く》れ、といつ《っ》たら、そこに居合わせた宿舎の小僧が、按摩を呼べば十六文《もん》取られる。私がただで揉んで上げるから、ムダ使いしなさんな。といつ《っ》たのが、すつ《っ》かり安田の気に入り、一緒に東京に連れてきて育て上げたそれが、竹内なのである」（『三井・三菱物語』）。学卒者の対極にいるような人物であることがよくわかる。

第二節　養嗣子・安田善三郎

学卒者・安田善三郎

初代・安田善次郎の長男、安田善之助《ぜんのすけ》（のちの二代・安田善次郎）は経営者向きの人物ではなかった（後述）。そこで、善次郎は善之助を分家として独立させ、長女に婿養子・**安田善三郎**（一八七〇～一九三〇）を迎えて後継者に指名した。

安田善三郎は、旧名を伊臣貞太郎《いおみさだたろう》といい、旧宇和島《うわじま》藩士の子として生まれ、旧制一高を経て、一八九二年に東京大学独法科を卒業。九七年三月に善次郎の長女・てる（暉子《てるこ》）と結婚し、一九〇〇年に保善社副総長に就任した。〇九年に初代・善次郎の引退にともない、安田財閥傘下企業の監督指揮を委任され、一三年、四四歳で安田家の家督を相続し、貴族院議員に選任された。

善三郎が保善社副総長に就任して五年、そろそろ自分の色を出してもよい頃だと思ったのか、一九〇五年に保善社の組織改革に着手。人事採用・人材育成に関しても新たな試みを実施した。具体的にいうと、①小中学卒の練度を高める「練習生制度」の導入、それまで行われてこなかった②学卒者の控えめな採用である。結果からいえば、前者は一定の役割を果たしたが、後者は失敗した。

成功した練習生制度

「練習生制度は、青木要吉が善三郎の構想を具体化したもので、明治四十（一九〇七）年四月に創始された」（『安田財閥』）。ちなみに、青木《あおき》は同志社およびエール大学卒の教育者で、岡山中学教頭・山陽高等女学校校長を歴任した後、一九〇五年に保善社の理事に就任した。

練習生制度については『安田保善社とその関係事業史』に極めて詳細、かつ具体的な記述があるので、若干長い文章ではあるが、それをまるまる引用する。

「練習生制度の目的は、将来の幹部行員の養成と経済人としての人物育成にあって、全員を寄宿制とし、実務、学科を併用して一年間訓育する制度であった。その対象を中学校（現在の高等学校）卒業生としたが、第一回の採用試験には採用予定二〇名に対し六〇〇余名に上る多数の応募者があり、明治法律学校（現在の明治大学）の講堂を試験場に充てたほどであったといわれる。合格者二〇名全員は、本所横網の安田本邸寄宿舎に収容され、昼間は安田、第三両銀行に分けられて実務を修得し、夜間は寄宿舎において国漢文、英語、珠算、習字、法律等の学科を授業され、一年間の特殊教育を経た後に、保善社書記に採用されて主に安田、第三両銀行詰の行員として配属された。

この間一切の費用は保善社で負担し、且つ若干の給与もあつたので、第二回以後も応募者が殺到し、幹部候補生級行員は続々と誕生したが、大正八年第一三期終了生を最後として本制度は中止された。一三回にわたる練習生出身者は総数三三七名で、初任先は安田銀行一九六名、第三銀行一三八名、保善社二名、安田商事一名と各行社に配属され、大正一一年の結城構想による多数の大学卒業者採用までの過渡期間を中堅幹部として活躍した」

「一年の練習生期間が終ると『書記』という資格の行員になるならわしであった。当時はこれが正規の昇進ルートで、一八、九歳で書記という幹部候補生になれたわけだ」（『中公新書129　財閥』）。

当時の安田銀行は、主事―主事補―書記―書記補―雇《やとい》―見習生という資格・等級体系になっていた。一九二五年の『株式会社安田銀行　職員名簿　大正十四年十一月一日現在』によると、主事が六名で大阪支店長クラス、主事補が三八名で大阪支店副長、名古屋・横浜支店長クラス、書記が二七七名で、その上位が浅草《あさくさ》・浜松《はままつ》支店長クラスに相当する。

失敗した学卒者の登用

善三郎は学卒者の採用を企図していたが、善次郎が学卒者の採用に否定的だったこともあり、「明治三八（一九〇五）年ないし四二（一九〇九）年の交（交名《きようみよう》のことか）に、安田に入社した帝国大学卒業生はわずか七、八名を数えるのみで、それも主として善三郎と縁故を有する人々であつ《っ》た」（『安田保善社とその関係事業史』）。

つまり、新卒の一括定期採用のようなものではなく、ツテを頼って何人か採用したといったレベルのものだった。

ここで、善三郎によって安田銀行に採用されたケースを紹介しておこう。

一九〇九年に東京帝国大学法科大学政治学科を卒業して安田銀行に入行し、のちに安田銀行取締役・安田保善社理事に就任した**川崎清男**《かわさききよお》（一八八三生まれ）は、親戚《しんせき》が善三郎の実家と知己があり、その紹介で採用されたという。

川崎の母の従兄弟《いとこ》が四代・立浪《たつなみ》親方（大相撲力士・緑嶌友之助《みどりしまとものすけ》）で、川崎が富山から上京して東京大学に通う際、立浪の紹介で伊臣真《まこと》（安田善三郎の実弟）に下宿を案内してもらった。

川崎は哲学科に合格したのだが、伊臣宅を訪れた際、真の父・伊臣忠一《ちゆういち》に哲学科進学を反対され、「長男善三郎は安田家の婿養子となり、幸《さいわい》ひ実業界に相当の知己もあり、君の就職等の世話も出来ると思ふ《う》から法科へ転じては如何《いかが》」(『慈烏夜啼』) かと促された。川崎は極めて成績優秀だったから、大学と交渉の末、転部が許されたという。

こうした経緯があったので、「卒業後の就職に就いては、予《か》ねて安田善三郎氏から自分が引受け世話すべき旨のお話しがあつ《っ》たので少しも心配せなかつ《っ》た。七月十日の卒業式の翌日、本所横網町の邸宅に同氏を訪問したのであるが、同氏は病臥中であつ《っ》たにも拘《かかわ》らず、引見して卒業を祝され、就職口は考へ《え》た上で追つ《っ》て相談するとの事であつ《っ》た。(中略)『君の就職に就《つい》ては実は日本銀行に依頼する積《つも》りであつ《っ》たが、自分も久しく臥床してゐ《い》たので延び延びとなつ《っ》てゐ《い》るが、今日迄の安田関係行社の社員は高等教育を受けたものが甚《はなは》だ少《すくな》いが、今後は相当採用する積りである。今日も君と同県の人で早稲田専門学校を出た安念《あんねん》と言ふ《う》人を呼んでゐ《い》る。君も自分の所へ入社してゐ《い》てはどうか』との事であつ《っ》たから、余は喜んで承諾をなし翌日から勤務する事とした。勤務先は安田銀行為替課であつ《っ》て、安念君も亦同課に入つ《っ》たのである」(『慈烏夜啼』)。

文中の「安念」とは、川崎と同年に早稲田大学部政治経済学科を卒業して安田銀行に入行し、のちに安田銀行社長となった**安念精一**《せいいち》(一八八七〜一九七二) である。

安念の「父次左衛門《じざえもん》は郷里富山県の名士、政財界に活躍をした人で、中越銀行の創設者でもあった。安田善次郎翁とは同郷人の関係もあって、安田は中越の親銀行であったこと、次左衛門も善次郎とは懇意の仲であったことから、安念もその縁故で安田に入行したのである。ただし、早大在学中にも卒業期にも、安念自身は銀行員になる気はもともとなく、父が代議士だったこともあり、むしろ政治家を志望していた。しかし次左衛門は、自身の体験から、政治家は大成がきわめてむずかしいばかりか、下手《へた》をすると家をつぶすおそれがあるというので、精一の政治家志望には反対であった。こうして実業界入りを強くすすめる父にしたがい、安念は不承不承銀行入りをした」(『中公新書129　財閥』)。

二人はともに本店為替課に配属になり、「為替課長は田尻昇蔵氏であつ《っ》て、同氏は入行以前には熊本県某郡々長を勤めてゐ《い》た。教育に対して理解ある人であり、(中略)皆隔意《かくい》なく、和気《わき》靄々《あいあい》の裡《うち》に業務にいそしんでゐ《い》たのである」(『慈鳥夜啼』)

つまり、善三郎は、三井銀行の中上川彦次郎とは違って、通常採用と同様に現場に預け、実務から育ててしまったのだ。

安田銀行行員の多くは中学校卒、そこに学卒者を配属させても現場は戸惑うだろう。現代の感覚でいうと、高卒しかいない職場に大学院卒が配属されてくるようなものである。どうやって職場教育するというのか？　川崎と安念はたまたま新人時代の配属先(というか、上司）に恵まれていたから、安田銀行をリタイヤすることなく、最終的には財閥本社の理事、安田銀行の社長にまで上り詰めることができた。

「後年安田保善社の理事にまで昇進する者たちがいたことは留意されてよい。しかし、彼らは例外的な存在であって、大多数は善次郎の意にそわなかったりあるいは既存の従業員層との間に葛藤や摩擦をひきおこしたりで安田を去らねばならず、結局、善三郎の意図した、教育をもつ人材の採用は、これを制度化するにはいたらなかった」（『安田財閥』）

第三節　結城豊太郎改革

初代・安田善次郎暗殺される

安田善三郎は、徒弟制度中心だった安田財閥に新風を吹き込もうとしたが、その本人が、一九二〇年一二月に安田家から追放されてしまう。そこでやむをえず、暫定的に長男・善之助を後継者として戸籍を整え、初代・安田善次郎は満八二歳にして後継者問題を再考せざるを得ない状況に追い詰められる。

ところが、その翌年の一九二一年九月、善次郎は国粋主義者によって暗殺されてしまう。大磯《おおいそ》の別荘にいた善次郎は、朝日《あさひ》平吾《へいご》（一八九〇〜一九二一）という人物に面会を求められ、拒否するものの執拗《しつよう》な申し出に根負けして面会に応じた。朝日は善次郎に社会事業計画を話して寄付金を求めたが、寄付嫌いで有名な善次郎はこれを拒絶。すると、朝日は短刀で善次郎を刺殺し、自らも命を絶ってしまった。その懐には斬奸状《ざんかんじょう》と政府首脳等を批判する書状があったという。

二代・善次郎——凡庸な趣味人

善次郎の急死にともない、長男の善之助が二代・安田善次郎（一八七九〜一九三六）を襲名して保善社総長に就任した。

二代・善次郎は中学校卒業後ただちに実務に従事し、一八九三年に満一四歳で安田銀行取締役に就任。三年後の九六年に頭取に昇格した。しかし、二代・善次郎は算盤や帳簿付けを習っただけで、ろくに教育も受けていない「名ばかり頭取」でしかなかった。

死後に安田財閥の社内報『安田同人会会誌　昭和十一年十二月　追悼号』で、その死を悼《いた》んだが、ビジネス上の業績はほとんど語られず、古典の蒐集《しゅうしゅう》や能楽への理解、寄付行為くらいしか讃《たた》えるものがなかった（だから、安田善三郎が婿養子に迎えられたのだが）。

結城豊太郎——傲岸不遜な改革者

安田財閥の経営陣は善次郎の急逝に狼狽《ろうばい》し、外部から大臣級の人材を招聘《しょうへい》しようと考え、旧知の高橋是清《たかはしこれきよ》に人選を依頼した。日本銀行総裁・井上準之助《いのうえじゅんのすけ》が高橋の依頼を受け、白羽の矢を立てたのが、日本銀行理事兼大阪支店長の結城豊太郎である。

結城豊太郎（一八七七～一九五一）は山形県の酒造家に生まれ、一九〇三年に東京大学政治科を卒業。日本銀行に入り、秘書役、京都支店長、名古屋支店長を経て、一八年大阪支店長、翌一九年に日本銀行理事に就任した。

一九二一年、結城は安田財閥に招聘され、安田保善社専務理事、および安田銀行副頭取に就任。事実上のトップに就いた。日本銀行総裁の推薦でやってきた結城に対し、安田財閥はあまりありがたく思っていなかったらしい。「大臣級の人物を」と頼んだのに、選ばれた結城が支店長級だったからだ。しかし、結城はヤリ手だった。

財閥組織は、①三菱・住友財閥のように巨大な本社から各事業部が分社化して財閥直系会社を設立し、残った本社が持株会社化するケースと、②財閥家族が個々の企業を設立・買収した後に、持株会社を設立してその下に各社を編入するケースがあるが、安田財閥は後者だった。

後者の場合、人事や事業は各社バラバラで、資本的に繋《つな》がっているだけに過ぎないケースすらある。そこで、結城は保善社を頂点とした中央集権体制を形成して各社を支配し、安田財閥としての一体感を創出しようとした。保善社の業務機構を改革して人員を増員する一方、各社からの稟議《りんぎ》・報告を厳格に実行させ、各社に経営方針を指示した。そして、全事業の人事を掌握し、各社間の首脳人事交流を円滑化、人材登用を容易にした。

さらに、安田財閥の閉鎖性打破のため、学卒者を大量採用。海外視察員制度を設け、毎年、三名程度の行員を海外に一年前後派遣して知見を広めさせた。

また、一九二三年に安田系銀行二二行のうち、安田銀行・第三銀行・百三十銀行・明治商業銀行・日本商業銀行など一一行を対等合併し、新生・安田銀行を誕生させた。これにより安田銀行は国内トップの銀行となった。

学卒者の大量採用

安田善三郎は初代・安田善次郎の意向を伺いながら、まずはちびちびと学卒者の縁故採用をはじめ、失敗した。しかし、善次郎の死後に招聘された結城豊太郎には、善次郎に気兼ねすることなく——というより、結城は善次郎の生前であっても、それを気にするような性格ではなかったが——安田財閥の閉鎖性打破のため、学卒者を大量採用、組織改革を断行した。自ら東京大学に赴いて安田への志願を訴える熱の入れようだった。一九二二年に三〇名の学卒者を採用し、二四年には一八〇名にも及び、以降、毎年一〇〇名の学卒者を採用し続けた。

【1924 年の新卒採用】

社名	人数	（%）
保善社	22	12.2
安田銀行	121	67.2
安田貯蓄銀行	10	5.6
日本昼夜銀行	11	6.1
帝国商業銀行	4	2.2
十七銀行	1	0.6
九十八銀行	1	0.6
東京火災保険	7	3.9
帝国海上保険	1	0.6
共済生命保険	2	1.1
合計	180	100.0

（安田銀行の内訳）

学校	人数	（%）
帝大系	75	62.0
東京商大	11	9.1
その他大学	35	28.9

※『富士銀行百年史』『竹村吉右衛門追想録』より作成

学卒者採用の対象は安田銀行のみならず、オール安田財閥だった。一九二四年の採用では、その内訳がわかっている。この年、保善社に就職を希望した専門学校以上卒業者は七四五名で、採用者は一八〇名、競争倍率はおよそ四倍。そして、「一八〇名の配属は、保善社二二名、安田銀行一二一名、安田貯蓄銀行一〇名、日本昼夜銀行一一名、帝国商業銀行四名、十七銀行、九十八銀行各一名、東京火災保険七名、帝国海上保険一名、共済生命保険二名であった」（『富士銀行百年史』）。さらに、安田銀行配属の一二一名は、帝国大系卒が七五名、東京商大（東京高商の大学昇格）卒が一一名、慶応、早稲田その他卒が三五名という内訳であった（『竹村吉右衛門追想録』）。

学生側の対応

安田財閥が日本最大の銀行を誕生させ、学卒者の大量採用をはじめたことに、学生は好感を持って臨んだ。

一九二四年に東京商科大学（旧東京高商）を卒業して安田銀行に採用され、のちに安田生命保険社長に就任した竹村吉右衛門《たけむらきちえもん》（一九〇〇〜八四）の小伝によれば、「昔の安田銀行は前だれ主義の旧式で、誰も大学出は行かなかった。ところが安田善次郎翁が大正十年の九月に、大磯の別邸で凶漢に刺殺された。そのあと安田の総帥として迎えられたのが、日銀の結城豊太郎氏です。その結城氏が、安田に入って大改革をやるという噂が立って、これは面白くなりそうだと思いましたね。ちょうど鳥なき里のコウモリみたいなものですね。それに当時、三井銀行は慶応でなければだめで、慶応以外の者が入ったら、一生うだつが上がらないといわれていた。そんなふうだから、たまたま安田が全く白紙の状態で、人材を集めるというので、私もそれならばと志望したわけだ」（『竹村吉右衛門追想録』。文中の「鳥なき里のコウモリ」とは、すぐれた者や強い者のいない所で、つまらない者がいばることのたとえ）。

採用試験の実態

安田保善社の一括採用がどのように実施されたかについては、採用する側、される側、それぞれの証言がある。

まず、採用する側であるが、一九二五年に安田保善社会社部長に就任し、三一年から四三年まで同社理事を務めていた川崎清男の証言がある。

「余は安田関係会社奉職中、多少安田に貢献せしものありとすれば、（中略）大正十四（一九二五）年より昭和十九（一九四四）年の辞職に至るまで約二十年間に於ける関係行社社員採用の銓衡《せんこう》（＝選考）であつ《っ》た。

安田関係に於《お》いては大正十二（一九二三）年の頃より大学、専門学校卒業生を採用するには、予《あらかじ》め関係各社よりその年に於ける希望採用数を保善社へ申込《もうしこ》ましめ、保善社にてその各部長並に関係会社の首脳者を委員として入社志願者に面会し、銓衡の上決定するのであつ《っ》てその外には一名と雖《いえど》も採用《さいよう》せないのである。

銓衡の際には委員中種々質問を発する主査が一名あつ《っ》て、その答弁及び態度によつ《っ》て各委員が採点し、その平均点によつ《っ》て採否を決するのである。余は約二十年の久しきに亙《わた》り毎年一週間乃至《ないし》一カ月の間（但し昭和六年を除く）殆《ほと》んど一回の欠席もなく、一人でこの主査をなしてゐ《い》たので、この二十年間に安田関係各社に入社した大学、専門学校卒業者は何人《なんぴと》も必ず一回は余に質問せられた人である。

質問は法律、経済等の専門的なものもあり、『風の吹く日は何故《なぜ》洗濯物が乾きやすいか』とか、『瀧は何故白く見えるか』とか言ふ《う》常識的なもの等《など》千差万別であつ《っ》たが、高等教育を受けた人はこの常識的質問に対しては嘘の様であるが、驚くばかり不得手である」（『慈烏夜啼』。最後のカッコ書きは原文ママ）。

次いで、採用される側では、一九三八年に東京大学法学部を卒業して安田銀行に採用され、戦後、富士銀行（旧安田銀行）の頭取に就任した松沢卓二《まつざわたくじ》（一九一三〜九七）の証言がある。

「当時は学校別に面接試験があった。私の場合、同じ大学から受験した五〇〜六〇人が安田保善社の講堂で待機し、一人ずつ呼ばれて部屋に入った。ドアを開けて部屋に足を踏み入れると、正面に机がずらりと並べられ、そこに本社をはじめ銀行、信託、生保、火災など金融機関の全社長が、選考委員としてずらりと顔を揃えていた。前に置かれたイスに座るようにいわれたが、一五〜一六人のお歴々を前にして、緊張したのを覚えている。

試験官席の中央には、保善社の、確か秘書部長だった安田彦四郎《ひこしろう》氏が坐り、まず代表して私に『あなたは法学部ですね』などといって、みなに紹介する。（中略）選考委員の社長たちは質問をはさみながら採用したい人間をチェックしていく。自分の会社に入れたいと思うと、その社長が盛んに質問した。

試験のさいに、どこに行きたいか第一志望から第三志望まで書かせる。しかし私は、第一志望、銀行とだけ書いて、第二、第三は空欄としておいた。とくに意図があったわけでなく、銀行意外《ママ》には志望の意思がないというのが正直な気持ちで、事実、銀行以外には行く気はなかった。（中略）私に質問したのは主に銀行の森広蔵《もりこうぞう》副頭取であった」（『私の銀行昭和史』）。

松沢の証言は保善社が本社一括採用をはじめてからおおよそ一五年後の採用風景で、その過程でかなり洗練されていったと思うが、①財閥傘下の企業が予め当該年の採用希望人数を保善社に申し込む。②学校別に面接を実施する。③各社の社長クラスの重役が一堂に会して選考にあたり、各人が採点した結果の平均点で採否が決まる。④受験者本人が配属先を第三志望まで述べることができる。⑤おそらく、その希望と見比べて、各社社長が欲しい人材を選んでいく——ということだろう。

海外視察制度

結城は海外視察員制度を設け、毎年、三人程度の行員を海外に一年前後派遣して知見を広めさせた。『株式会社安田銀行　職員名簿　大正十四年十一月一日現在』『（同）大正十五年十一月一日現在』を見比べると、一九二五年派遣組が三人、翌一九二六年が二人と推定される。

そのうちの一人・卜部《うらべ》東次《とうじ》は「出発のとき、結城さん主催の壮行会で訓話みたいなものがあった。そのなかで未《いま》だに感銘深く思い出すのは、題目は与えてあるけれども、君らが外国に行く目的は、結局自分を磨くためだ。すぐ銀行の役に立つことがありやしないかと、ケチなことを考えていたら神経衰弱になる。自分の修行に行っていると云うことを忘れんようにして、広く世のなかを見てこいと言われたことです」（『富士銀行百年史』）と述べている。

対象は入行年次四、五年辺りから二〇年目の中堅まで様々であるが、富山の銀行頭取のお坊ちゃん・安念精一、貴族院議員の養子・佐々田《ささだ》三郎《さぶろう》など実家の力も配慮されている感がある。

備考	
海外派遣の前後	1940年当時の役職
1926年重役席調査課長	安田銀行　取締役営業部長
1926年兵庫支店長	群馬水電　常務
	安田銀行　取締役
	（死去？）
1926年本店営業部為替課	（山口商業学校理事長）
	安田銀行　大阪支店長
	安田銀行　横浜支店長
	安田銀行　宇都宮支店長
	安田銀行常務
1925年重役席監理課	（死去？）

ちなみに、一九二三年の安田系銀行一一行の大合同の際に合同事務係に選抜されたメンバーは「私（鈴木福男）の外、佐々田三郎、安念精一、安田久蔵、大平福夫、横田一雄、江口親憲、田中武夫、椙山俊郎、大沢信次、水渓文雄等の諸氏」（『安田同人会会誌　昭和十一年五月　安田銀行創業六〇周年記念特輯号』）で、佐々田・安念・江口の三人が海外

【1925～1926年の海外派遣組】

1925	1926	氏名	生年	卒業年	入社年	年齢	学歴	備考 1925年時点
●		安念精一	1887	1909	1909	38歳	早稲田大学	入社17年目
●		佐々田三郎	1887	1913	1913	38歳	東京大学政治科	入社13年目
●		小山新三郎	1891	1912	1913	34歳	山口高商	入社13年目
●		青山直一		1917			京都大学政治科	入社9年目？
●		竹原二郎	1893	1920	1920	32歳	東京大学英法科	入社6年目
●	●	ト部東次	1897	1920	1920	28歳	東京大学経済科	入社6年目
●	●	内野一太郎	1897	1921	1921	28歳	東京高商	入社5年目
●	●	石田猛夫	1898	1921	1921	27歳	神戸高商	入社5年目
	●	藤崎四郎	1880	1906	1906	45歳	早稲田大学政経科	入社20年目
	●	江口親憲		1923			東京大学独法科	入社3年目？

※『株式会社安田銀行　職員名簿　大正十四年十一月一日現在』
『株式会社安田銀行　職員名簿　大正十五年十一月一日現在』および職員録・興信録等より作成

派遣に選ばれている（筆者が確認できなかっただけで、鈴木も選ばれている可能性が高い）。

安念は帰国後に調査部長に就任。他にも本部系の部署から出入りするケースが多かったと思われ、のちに役員に昇進したメンバーが多い。海外派遣が新たなエリートコースになった可能性が高い。

結城豊三郎の失脚

結城は「自分は国家的な観点から仕事をする。即ち《すなわ》安田のために仕事をするのではなく、安田の組織を、国家のために役立たせるやう《よ》に運用するのだ」（『安田コンツェルン読本』）と放言した。これはあたかも三井財閥における中上川彦次郎のような発想・姿勢である。

しかも、結城は中上川と同じく傲岸不遜《ごうがんふそん》で独断専行な手法でバンバンと改革の手を打った。ただ、中上川と違ったのは、中上川の上司で三井一族の長老・三井高保《たかやす》がかれを信頼し、庇護《ひご》していたのに対し、結城は安田一族や番頭たちから信頼されていなかったことだ。

特に善次郎の四男・**安田善五郎**《ぜんごろう》（一八八六〜一九六三）は「結城輩に金を使はれ《わ》て安田を潰《つぶ》すくらゐ《い》なら、この俺が潰す。国家のために安田を利用して貰《もら》ふなどという目的で来て貰つ《つ》たのではない」（『安田コンツェルン読本』）と憤慨。一九二八年一月頃には安田財閥内部で結城排斥の流れが表面化する（婿養子の安田善三郎ですら追放されたのだから、赤の他人の結城がそれ以上の改革を実施して追放されない訳がない）。

善次郎以来の番頭・竹内悌三郎が、推薦者たる高橋是清・井上準之助の間を奔走し、渋る両名を根気強く説得して、結城解任が決定的になる。冷却期間を設ける意味合いから、結城をいったん外遊させることになり、結城は辞任覚悟で一九二八年六月に外遊、翌一九二九年三月帰国し、正式に辞任した。

なお、結城は安田辞任後の一九三〇年に日本興業銀行総裁に就任し、一九三七年二月に大蔵大臣、同年七月に日本銀行総裁に就任した。

第四節　一九四〇年の学歴構成

一九四〇年の学歴構成

ここで、一九四〇年の安田財閥主要会社幹部の学歴構成を考察していこう。三菱・三井・住友財閥と同様に、ダイヤモンド社編『ポケット会社職員録　昭和十六年版』から安田財閥の主要会社に掲載されている役員および幹部を集計した。

問題になるのが、どこからどこまでの企業を財閥直系企業とするかである。安田財閥の場合は、三大財閥と異なり、直系企業と準直系企業の線引きが緩やかで、一九四〇年当時、財閥首脳がどこまでを直系企業と認識していたかが明らかでない。そこで、ここでは一九二四年に保善社で一括採用した学卒者を振り分けた九社のうち地方の銀行（十七銀行、九十八銀行）を除いた七社、安田信託（一九二五年設立、二六年改称）、および持株会社の安田保善社の計九社を対象とした（帝国商業銀行、共済生命保険、帝国海上保険はそれぞれ改称している）。

安田一族および社外取締役は集計から除き、役員兼任で重複している者はいずれかの企業に振り分けた。人数は五〇六人（ただし、住友生命保険と同様に、安田生命保険の支部長クラス三四人を除いた）。平均年齢は四五・一歳。最年長は東京火災保険評議員・長松篤棐《ながまつあつすけ》の七六歳。

最年少は安田信託の銀行企画課次長・横沼一枝の三三歳である。

集計からは除外したが、安田一族が就いている役職数の多さは特筆に値する。その数は一二人、二六件にもおよび、四大財閥ではダントツである。初代・安田善次郎は三井一族を範として多くの分家を設定し、かれらが各社の役員を占拠していた。一九三〇年代の財閥批判を受けて、本家（?）の三井ですら一族の多くを役員から退任させたにもかかわらず、安田一族はどこ吹く風とばかりに役員席から退こうとしなかった。

学歴構成の特徴

一九四〇年における安田財閥の学歴構成の特徴は、以下の四点である。

①東京大学卒が多いが、他の帝大を合わせても三割強（三〇・六%）にしかならない。
②高商系（一七・〇%）も三大財閥に比べて少ない。
③帝大系・高商系以外の大学が非常に多く、全体の四分の一弱（二四・五%）を占める。
④商業学校卒・中卒以下と見られる層が異様に多い（二七・九%）。

以下、順にみていこう。

安田財閥においても東京大学卒が多い。二五・九%にあたる一三一人が東京大学卒である。結城豊太郎が学卒者の一括定期採用をはじめてから二〇年弱。人材が払底していると陰口

【安田財閥における幹部社員の学歴構成（1940年）】

	安田保善社	安田銀行	安田信託	安田生命保険	安田貯蓄銀行	第三銀行	日本昼夜銀行	帝国海上火災保険	東京火災保険	総計	(%)	
東京大学	1	53	21	12	12	6	6	2	18	131	25.9	
京都大学		5	7	2	2		1	3	2	22	4.3	
他帝大				1			1			2	0.4	30.6
東京高商	1	14	12	5	3	2	5	7	8	57	11.3	
(他高商		6	6	1	3	2	4	4	3	29	5.7	17.0
慶応義塾		4	3	3	8	1	4	1	7	31	6.1	
早稲田大学		7	3	2	2	2	4	3	8	31	6.1	
明治大学		2	1	1	6	1	2	2	1	16	3.2	
(他大学		6	3	1	15	2	8	9	2	46	9.1	24.5
商業＋高卒	1	10			1	2	3			17	3.4	
中学＋不明		52	7	5	28	10	9	5	8	124	24.5	27.9
総計	3	159	63	33	80	28	47	36	57	506	100.0	

※ダイヤモンド社編『ポケット会社職員録　昭和十六年版』、および興信録等より作成
※割合（%）以外の数字は人数を示す

を叩《たた》かれていた安田財閥にも人材が育ちつつあったのだ。

対象企業にメーカーがなく、東京大学理系は五人のみなので、あえて分類しなかった。うち四人は安田生命保険勤務のアクチュアリー（保険計理人）や医務従事者である。文系の内訳は法学系が六五人、経済学系が三七人、不明が二四人である（興信録に掲載されていなかったりして学科がわからない場合は、一九三九年発行の学士会名簿で確認しているが、安田銀行は若年者が多く、捕捉できなかった）。新興の経済学系の人数が比較的多いことが特徴といえるかもしれない。

東京大学以外の帝大卒として、京都大学が二二人、東北大学・九州大学が一人ずつおり、東京大学と合わせて一五五人、三割を超える

(三〇・六%)。

東京大学卒の大量採用は、たちまち行内に東大閥をつくった。それは「行内にみなぎる学閥意識とすさまじいまでの立身出世主義であった。(中略)何といっても帝国大学系が圧倒的に多数であった。自然、学閥意識が強まり、同僚の棚卸しや上司へのへつらいは日常茶飯事で、はては麻雀にふけりながら人事まで壟断《ろうだん》しかねない状況であった」(『竹村吉右衛門追想録』)。

東京大学に次いで多いのが東京高商だが、五七人(一一・三%)と三菱・住友に比べてかなり少ない。神戸高商など他の高商を合わせても二割に届かず、一七・〇%にしかならない。その一方、帝大系・高商系以外の大学——具体的にいえば、慶応義塾・早稲田・明治大学など——が非常に多く、全体の四分の一弱(二四・五%)を占める。一九一九年に大学令が施行され、翌年、専門学校に分類されていた慶応義塾・早稲田・明治などが大学に昇格した。その二年後に一括採用がはじまったので、双方にとって好都合だったのだろう。

表では割愛しているが、これ以外に多かったのは、専修大学・関西大学が八人ずつ、長崎高商・中央大学が七人ずつ、神戸高商が六人である。三大財閥に比べてかなりバリエーションに富んでいる。

また、中学校卒以下、および不明が異様に多い(「不明」とは、職員録や興信録に学歴記載が

【安田財閥の生年×学歴（1940年）】

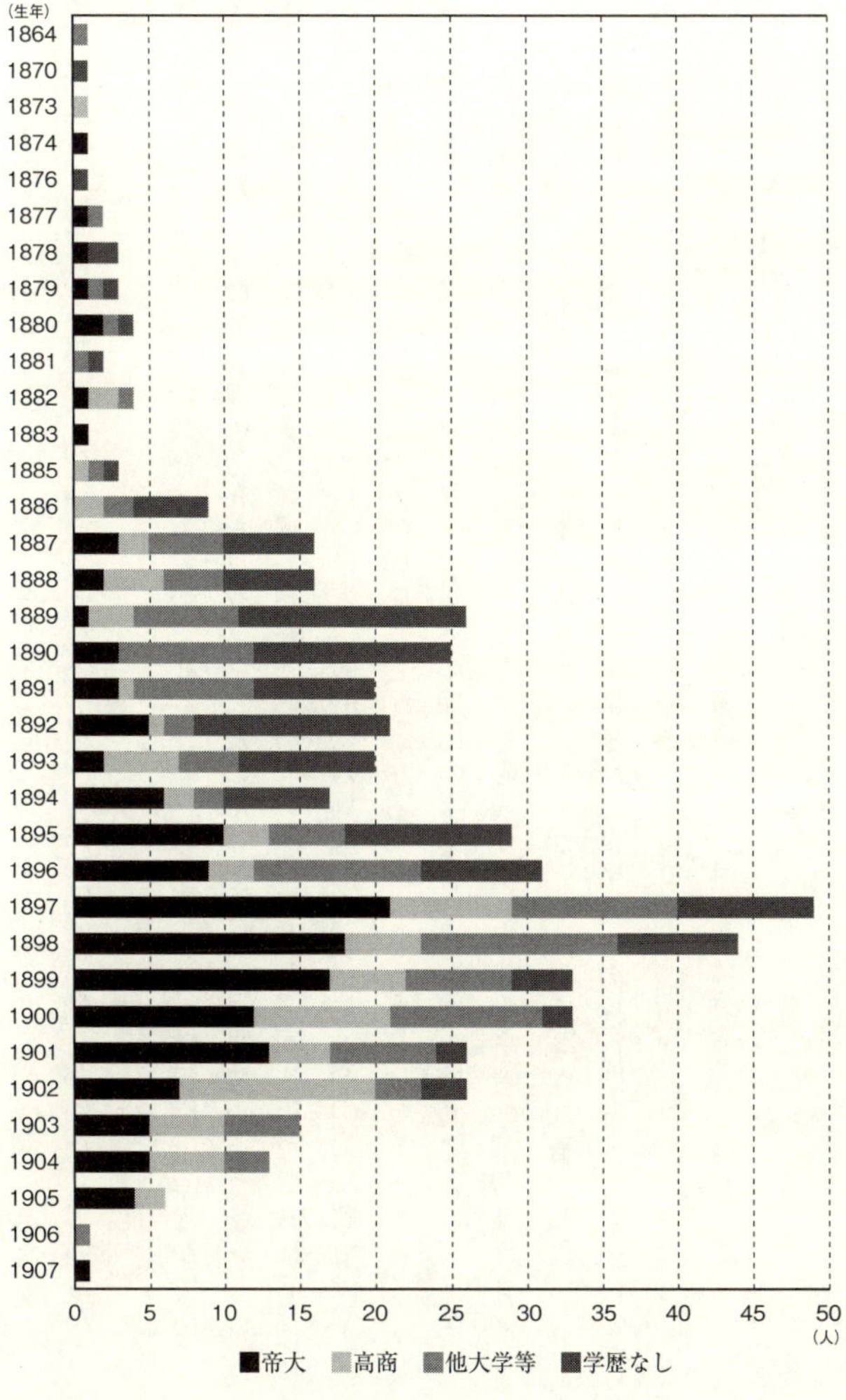

ない者で、その多くが中学校卒レベルだと思われる)。全体のおおよそ四分の一弱にあたる一二四人(二四・五%)にも及ぶ。初代・安田善次郎以来の徒弟制度出身者が残存しているからであろう。

これを学卒者と非学卒者の共存とみるか、非学卒者から学卒者への移行期とみるかである。そこで、年齢別に学歴の有無の分布をグラフにしたので、その特徴をみてみよう。

まず、一九〇三年生まれ(満三七歳)以降はすべて学卒者である。同じ年齢であれば、高学歴ほど入社年次が遅い。社歴が長いほど一般的には昇進に有利であるが、若年層では学歴がなければ出世できない状況になっていることがわかる。

学卒者一括採用がはじまった一九二二年新卒採用の学卒者は、筆者が持っているデータでは二六人で生年の平均は一八九六・八年だった。その辺りから、非学卒者の割合はガクンと減っている。一八九五年生まれが三七・九%だったものが、一八九六年が二五・八%、一八九七年が一八・四%だ。この数値を以《もっ》て、非学卒者から学卒者への移行期とみてもよいのではないか。

第五節　一九九九年の学歴構成

分析対象や使用資料

安田でも現在（一九九九年）の状況について附言しておこう（なぜ、一九九九年なのか、どういった資料を使うのかは三菱財閥の章で説明したので省略する）。

三大財閥は戦後、それぞれ三井・三菱・住友グループ（企業集団）に再編されたが、安田財閥は安田グループに再編されなかった。安田財閥は金融機関に偏っており、製造業には小粒の企業しかなかったため、安田銀行（戦後、富士銀行と改称）は成り立ちにこだわらず、巨大企業を選別して新たな企業集団・芙蓉《ふよう》グループ（芙蓉は富士《ふじ》山の別称）形成を企図したのだ。

芙蓉グループの社長会「芙蓉会」メンバーの中に安田財閥の直系企業も存在する。金融機関四社（富士銀行、安田信託銀行、安田火災海上保険、安田生命保険）および東京建物である。金融機関四社は一九四〇年の対象企業の後身にあたる。従って、ここでは東京建物を除く、四社を分析対象とした。

戦後急成長のかげに東大卒あり

なぜ、安田財閥は安田グループに再編されなかったのか。それは、安田財閥の中核企業・安田銀行が、安田グループではなく、芙蓉グループの形成を選んだからだ。そこには、安田銀行で大量採用された学卒者による企業戦略があった。先述したように、初代・安田善次郎の死後、安田財閥は学卒者の大量採用を行った。それが安田銀行を質的に変えた。

一九二四年採用の竹村吉右衛門は、安田銀行の貸付先が「株式市場に上場されている一流の優良会社にして、主力取引であるもの皆無であって、若干の主力取引先はあってもいずれも株価十円台の弱体会社」であることを憂え、重役席宛てに建白書を提出。「今後は積極的に企業育成の方針に切り替え、独逸《ドイツ》の大銀行制度の長所である中期融資の方式を採り入れ、時局下玉石《ぎょくせき》を峻別して、一旦選択した企業はあくまでも大成するまで援助を続けるべきである。その前提として、企業金融のエキスパートを育成する必要があるので、（本店営業部貸付課に）当初十名の俊秀の配属を要請す」べしと提言した（『竹村吉右衛門追想録』）。

これが幹部の容認するところとなり、直ちに六名の人材が配属された。竹村はその人材の「担当を鉄、化学、繊維などの業種別に分け、基礎から勉強させ、今後銀行として育成すべき会社をピックアップし、適当と認めたら、徹底的な動態調査をして過去五年間の比較対照表を作り意見書を提出させる」方式で育成していった。

「やがて日本鋼管とか日産自動車のような主力取引の軍需会社が、興銀の協力を得ながら安田銀行の傘下で成長するようになり、同時に前垂れ主義の旧式の行風を脱皮し、近代経営を身につけた人材が続々輩出するようになったのである」（『竹村吉右衛門追想録』）。

【安田系企業における役員の学歴構成（1999年）】

	富士銀行	安田信託銀行	安田生命保険	安田火災海上保険	総計	（%）			1940年（%）	1999年との比較
東京大学（理）	1				1	0.8			1.0	-0.1
東京大学（文）	19	9	2	4	34	28.6	29.4		24.9	3.7
京都大学（理）					0	0.0			0.0	0.0
京都大学（文）		2		2	4	3.4	3.4		4.3	-1.0
九州大学（理）					0	0.0			0.2	-0.2
九州大学（文）		1		1	2	1.7	1.7		0.0	1.7
他旧帝大（理）			1		1	0.8			0.0	0.8
他旧帝大（文）	3			2	5	4.2	5.0	39.5	0.2	4.0
一橋大学	3		3	2	8	6.7			11.3	-4.5
神戸大学	1	2		1	4	3.4			1.2	2.2
東京工業大学					0	0.0			0.0	0.0
他国公立大学		4	2	4	10	8.4		18.5	4.5	3.9
慶応義塾大学	3	1	4	5	13	10.9			6.1	4.8
早稲田大学	2	3	4	2	11	9.2			6.1	3.1
その他私立大学	1	3	11	7	22	18.5			12.3	6.2
海外ほか					0	0.0		38.7	0.0	0.0
高卒・商業以下		2		2	4	3.4			3.4	0.0
不明・記載なし					0	0.0		3.4	24.5	-24.5
総計	33	27	27	32	119	100.0		100.0	100.0	

※東洋経済新報社編『東洋経済別冊　役員四季報　2000年版』より作成
※割合（%）以外の数字は人数を示す

戦後、富士銀行と改称した安田銀行は、こうして育てた人材を企画部門に大量投入して企業戦略を練った。それが「経済主流取引」と呼ばれるもので、当時の経済情勢において主流を成すと思われる大企業との取引強化であった（『富士銀行百年史』）。

かくして、富士銀行は安田財閥に拘泥することなく、独自に企業集団の形成を企図した。この戦略は高度経済成長期に大当たりして、一九七一年に大型合併で第一勧業銀行が誕生するまで、富士銀行は都市銀行トップの地位を維持した。

人材育成を提唱した竹村吉右衛門は東京高商（実際は東京商科大学）卒であるが、戦後の企業戦略を主導していった人物は軒並み東京大学卒だった。企画部門を所管する常務兼業務部長は岩佐《いわさ》凱実《よしざね》（一九二八年東京大学法学部卒）。「経済主流取引」というキーワードを発案した業務部綜合《そうごう》企画課長代理・松沢卓二（一九三八年東京大学法学部卒）。そして、その上司にあたる業務部業務課長・小谷《おたに》喜一（一九三五年東京大学法学部卒）、すべて東京大学卒である。ちなみに、岩佐・松沢はのちに頭取に出世している。

富士銀行の頭取は企画部門と国際部門から交互に選出されていたという話がある。当然、企画部門出身の頭取はすべて東京大学卒。企画部門以外出身の頭取も一人（京都大学卒）を除いてすべて東京大学卒。結果、富士銀行五二年の歴史で、頭取が東京大学卒でなかったのは六年間だけという。東大偏重主義が形成されていったのである。

というわけで、旧安田財閥系企業では東京大学卒が増加している（二五・九％→二九・四％）。これは三大財閥にはなかった傾向であるが、偏《ひとえ》に富士銀行の東大偏重主義がもたらした結果である。富士銀行における東京大学卒の割合は実に六割強（六〇・六％）。もちろん、一九九九年のデータで、こんな企業は他になかった。

やっぱり早慶は躍進

旧安田財閥系企業においても、慶応義塾卒（六・一％→一〇・九％）、早稲田大学卒（六・一％→九・二％）がともに増加している。安田財閥は私立大学（早慶を含む）の比率が高かったが、戦後もその傾向は変わらない。二割半弱（二四・五％）から四割弱（三八・七％）に増加している。富士銀行の東大偏重主義がなければ、私大王国になっていた可能性を示唆する（ただし、私立大学の比率は、慶応閥の三井グループの方が四四・六％となお高い）。

一方、東京高商卒（一一・三％→六・七％）、は減少している。

高卒以下は少ないが、三大財閥よりは多い（四人。三・四％）、中卒以下・不明はいない。

おわりに

本書の執筆は書名で決めた。財閥と閨閥《けいばつ》に関する書籍原稿を考えていたので、似たような原稿をもう一冊書けないかと考えて、『財閥と学閥』という表題を思いついた。

筆者は何冊か財閥の本を書いているので、何となくアウトラインは浮かぶ。あとはそれを肉付けしていくだけだ。とりあえず、過去に集めたデータを四大財閥で抽出し、割り振って、ダイヤモンド社編『ポケット会社職員録』で追加して……という具合にしてデータを作成し、それを分析しながら原稿を書いていった次第である。

筆者の本業はソフトウェア会社のシステムエンジニアである。それがなぜ土日に原稿を書いているのか、興味のある方は『三井・三菱・住友・芙蓉・三和・一勧』のあとがきを御覧いただきたいのだが、筆者は大学院に進む気がまったくなかったので、フツーにソフトウェア会社に就職した。入社早々でよくわからなかったのだが、職場は苛烈《かれつ》だった（今ならブラック企業である）。毎日終電で帰って、週一回は午前三時頃まで仕事してタクシーで帰った。土曜も出勤して一三〇時間残業した月もある。それが二年目の冬に一八〇度転換して定時退社し、一九時から二三時まで一日四時間研究に没頭した（今なら、平日はすぐ寝てしまう）。

研究者というものは、通常、時間はあるけどカネがないものだ。しかし、私はその前年まで残業代で生活していたので、時間はないけどカネはそこそこ持っていた。私は平日の昼間に勉強することができない（東京大学教授は私のことを「現代の苦学生」と呼んだ）。図書館に行く暇がないので、必要な書籍は古書店で買った。社史や人事興信録、大学や高校のOB名簿（当時は個人情報保護法がまだなかったので販売していた）を買い漁《あさ》った。今回、学閥を研究するにあたって、それらをフル稼働させた。追悼録を何冊か整理してしまったことが悔やまれた。『私の履歴書』も手放してしまい、ネットで一冊だけ買ったら、興味のある箇所にマーカーが引いてあった。私が売った本だ！

財閥と閨閥に関する書籍はほとんどない。学術論文になるとまるでない。或《あ》る意味ラクだったのだが、学閥というか、特定の学校出身者や学卒者に関する論文は結構ある。しかも、かれらは内部史料を見て書いているので、参照せざるを得ない。

私もイイ大学に入っていたら、そういう機会に恵まれたのかもしれない。しかし、私は二〇歳になるまで一三回引っ越して、周囲の価値観におのれを合わせることをやめてしまった。「どこでもいいから大学に入って、試験勉強しているフリから解放されて、思い切り好きな歴史の勉強がしたい」と勝手に考えていたので、イイ大学になんか入れるはずもない。

その大学の経済学部では三年でゼミに入るので、歴史に関係ありそうな財閥史のゼミを探したが、当時、その大学にはなかった。だから、企業集団（三菱財閥ではなく、三菱グループ）をやっている山田喜志夫《やまだきしお》ゼミを見つけて、そこに入った（先生はたまたま母校・北海道函館中部高校の先輩だった。私が体験した唯一の「学閥？」だったのかもしれない）。

大学で財閥史を専攻する方々は、多くの場合、単一の財閥（たとえば三菱財閥）について狭く深く研究するのではないか。しかし、私は六大企業集団（三井・三菱・住友・芙蓉・三和・一勧）の研究者なので、数多くの財閥を広く浅く見なきゃならない。ところが、そんな本はなかったので、新書で出したら結構売れてしまい、以来、財閥作家になってしまった。

どうにかこうにか、こういった書籍が書けるのは、大学の歴史系サークルで鍛えられたことが大きい。何気なく入会したのだが、そこは日本史が強い大学の大学院生養成ゼミのようなところだった。私は図書館の使い方、論文の引き方、レジュメの書き方、ディベートの仕方などを教えてもらった。そのスキルは就職後のビジネスでも活《い》かされている。私はほとんど授業に出なかったのだが、大学で生涯に活かせるスキルを修得したと確信している。大学はもっと学べるところなんだと思う。

本書を執筆して痛感したのは、戦前企業の高等教育に対する期待である。東京高商卒が銀行・商社に強かったのは、初期の東京大学に経済学部がなかったからだ。他方、三井物産ですら契約業務が増えてくると法学部（非東京大学）出身者の積極採用をはじめる。つまり、高等教育で得た知識が即戦力として使えたから、出身学部を明確に意識していたのだ。現在、企業では経済学部・法学部卒をほぼ一緒くたにしていると思う。大学での勉強成果に期待していないので、一から教えようと考えているからだ（認識が古かったらスミマセン）。

かくいう筆者は文系（経済学部）出身で、理系（システムエンジニア）の仕事をしている。しかも、入社時にソフトウェアが何たるかを全く知らなかった（そんな筆者が損害保険システムの書籍を書いて、それが結構売れてしまったんだから世の中わからない）。筆者が得たシステムエンジニアのスキルは、入社後二カ月の研修とＯＪＴによるものである。研修では、理系の大学院を出た同期が「われわれが何年もかけて習得したノウハウを、二週間くらいでキャッチアップした。企業はスゴイ」と半ば呆《あき》れていた。

今、企業に新人を育成する余力がなくなり、高等教育にかける期待はかつて無いほど大きい——といいたいところだが、われわれ企業の人間からすると、大学教育はいまいち信用できない。一番よくないのはビジネス経験を有した大学教員がまだまだ少ないことだ。ビジネス経験がない者にビジネスパーソンを育てられるのか？　そこは改善してほしい。

なお、ＫＡＤＯＫＡＷＡ・学芸ノンフィクション編集部の間孝博《あいだたかひろ》さん、竹内祐子《たけうちゆうこ》さんには、出版に際していろいろお手伝いいただき、この場を借りて感謝いたします。

参考文献

一般書籍

・岩井良太郎『三井・三菱物語』千倉書房（一九三四年）
・和田日出吉『日本コンツェルン全書（Ⅱ）三井コンツェルン読本』春秋社（一九三七年）
・岩井良太郎『日本コンツェルン全書（Ⅲ）三菱コンツェルン読本』春秋社（一九三七年）
・西野喜与作『日本コンツェルン全書（Ⅳ）住友コンツェルン読本』春秋社（一九三七年）
・小汀利得『日本コンツェルン全書（Ⅴ）安田コンツェルン読本』春秋社（一九三七年）
・鈴木茂三郎『日本コンツェルン全書（Ⅻ）財界人物読本』春秋社（一九三七年）
・中外産業調査会編『財閥安田の新研究』（一九三七年）
・内山正居『塩田泰介氏　自叙伝』（一九三八年）
・福沢桃介『財界人物我観』ダイヤモンド社（一九三八年）
・三州倶楽部編『山田直矢翁追悼録』（一九四〇年）
・ダイヤモンド社編『ポケット会社職員録　昭和十六年版』（一九四〇年）
・社団法人証券引受会社協会編『株式会社年鑑　昭和十六年版』ダイヤモンド社（一九四一年）
・故槙原覚氏追悼録編纂委員会編『槙原覚君の憶出』（一九四三年）
・池田成彬述／柳沢　健記『故人今人』世界の日本社（一九四九年）
・伊藤正徳『青木菊雄伝』（一九五〇年）

参考文献

・藤原銀次郎述／石山賢吉記『思い出の人々』ダイヤモンド社（一九五〇年）
・川田　順『住友回想記』図書出版社（一九五一年刊行の再版）（一九九〇年）
・池田成彬／柳沢　健記『財界回顧』図書出版社（一九五二年刊行の再版）（一九九〇年）
・秦　豊吉『三菱物語』要書房（一九五二年）
・船田一雄氏記念刊行会編『船田一雄』（一九五三年）
・岩井良太郎『日本財界人物伝全集　第九巻　各務鎌吉伝　加藤武男伝』東洋書館（一九五五年）
・三菱重工業株式会社社史編纂室編『三菱重工業株式会社史』（一九五六年）
・岩崎小弥太伝編纂委員会編『岩崎小弥太伝』（一九五七年）
・住友金属工業株式会社社史編纂委員会編『住友金属工業六十年小史』（一九五七年）
・三井銀行八十年史編纂委員会編『三井銀行八十年史』（一九五七年）
・川田　順『続住友回想記』中央公論社（一九五三年）
・川崎清男『慈烏夜啼』「慈烏夜啼」刊行会（一九五九年）
・米山梅吉先生伝記刊行会編『米山梅吉伝』青山学院初等部（一九六〇年）
・岩崎久弥伝編纂委員会編『岩崎久弥伝』（一九六一年）
・鈴木馬左也翁伝記編纂会編『鈴木馬左也』（一九六一年）
・大島堅造『一銀行家の回想』図書出版社（一九六三年刊行の再版）（一九九〇年）
・三鬼陽之助『財界首脳部――日本経済を動かすもの』文芸春秋新社（一九六二年）
・岡橋林氏追懐録編纂委員会編『岡橋林氏追懐録』（一九六四年）
・小倉正恒伝記編纂会編『小倉正恒』（一九六五年）

・久保田晃『中公新書122　三井――企業グループの動態③』中央公論社（一九六六年）
・阪口　昭『中公新書114　三菱――企業グループの動態①』中央公論社（一九六六年）
・鈴木謙一『中公新書119　住友――企業グループの動態②』中央公論社（一九六六年）
・三鬼陽之助『三菱紳士――寄らば大樹の蔭なのか』光文社（一九六六年）
・岩崎弥太郎・岩崎弥之助伝記編纂会編『岩崎弥太郎伝（上・下）』（一九六七年）
・佐藤正忠編『加藤武男翁を偲ぶ』フェイス出版（一九六七年）
・野田一夫『中公新書129　財閥――経営者にみる生態』中央公論社（一九六七年）
・加藤俊彦『中公新書216　日本の銀行家――大銀行の性格とその指導者』中央公論社（一九七〇年）
・三菱創業百年記念事業委員会編『三菱の百年』（一九七〇年）
・岩崎弥太郎・岩崎弥之助伝記編纂会編『岩崎弥之助伝（上・下）』（一九七一年）
・明光会編『明光春秋――商事時代の思い出』菱光倉庫（一九七二年）
・「安田保善社とその関係事業史」編修委員会編『安田保善社とその関係事業史』（一九七四年）
・佐藤喜一郎追悼録編纂委員会編『佐藤喜一郎追悼録』三井銀行（一九七五年）
・追想録河井昇三郎編集委員会編『追想録　河井昇三郎』住友金属工業（一九七五年）
・三菱鉱業セメント株式会社総務部社史編纂室編『三菱鉱業社史』（一九七六年）
・日本経営史研究所編『回顧録――三井物産株式会社』三井物産（一九七六年）
・作道洋太郎編著『（教育社歴史新書　日本史128）住友財閥史』教育社（一九七九年）
・住友銀行行史編纂委員会編『住友銀行八十年史』（一九七九年）
・日本経済新聞社編『私の履歴書　経済人　6』（一九八〇年）

参考文献

・日本経済新聞社編『私の履歴書　経済人　8』（一九八〇年）
・日本経済新聞社編『私の履歴書　経済人　9』（一九八〇年）
・日本経済新聞社編『私の履歴書　経済人　14』（一九八〇年）
・三井文庫編『三井事業史　本篇　第三巻　上』（一九八〇年）
・三菱銀行調査部銀行史編纂室編『続三菱銀行史』（一九八〇年）
・森川英正『財閥の経営史的研究』東洋経済新報社（一九八〇年）
・奥村　宏『三菱——日本を動かす企業集団』ダイヤモンド社（一九八一年）
・住友化学工業編『住友化学工業株式会社史』（一九八一年）
・日本経済新聞社編『私の履歴書　経済人　16』（一九八一年）
・三島康雄編『日本財閥経営史　三菱財閥』日本経済新聞社（一九八一年）
・東レ編『田代茂樹　遺稿　追悼』（一九八二年）
・富士銀行編『富士銀行百年史』（一九八二年）
・森川英正『牧田環伝記資料』日本経営史研究所（一九八二年）
・安岡重明編『日本財閥経営史　三井財閥』日本経済新聞社（一九八二年）
・作道洋太郎編『日本財閥経営史　住友財閥』日本経済新聞社（一九八二年）
・田実渉追悼文集刊行会編『回想　田実渉』ＴＢＳブリタニカ（一九八三年）
・田部文一郎『幾山河——私の体当りビジネス戦記』実業之日本社（一九八四年）
・長谷川周重『大いなる摂理』アイペック（一九八五年）
・松沢卓二『私の銀行昭和史』東洋経済新報社（一九八五年）

・麻島昭一『三菱財閥の金融構造』御茶の水書房（一九八六年）
・江戸英雄著『私の三井昭和史』東洋経済新報社（一九八六年）
・故竹村相談役追想録刊行委員会編『竹村吉右衛門追想録』安田生命保険（一九八六年）
・日本経済新聞社編『私の履歴書　経済人　21』（一九八六年）
・牧　兼之編『田中完三翁　遺稿集　九十五歳の記』（一九八六年）
・向井忠晴追想録編纂委員会編『向井忠晴追想録』三井物産（一九八六年）
・由井常彦編『日本財閥経営史　安田財閥』日本経済新聞社（一九八六年）
・麻島昭一編著『財閥金融構造の比較研究』御茶の水書房（一九八七年）
・大槻文平編著『私の三菱昭和史』東洋経済新報社（一九八七年）
・日本経済新聞社編『私の履歴書　経済人　23』（一九八七年）
・野田憲策『米寿の歩み』（自費出版と思われる）（一九八七年）
・三菱商事編『三菱商事社史　資料編』（一九八七年）
・小槙俊一編『三井物産　経験録集』物産研修センター（一九八八年）
・津田　久編著『私の住友昭和史』東洋経済新報社（一九八八年）
・三井八郎右衛門高棟伝編纂委員会編『三井八郎右衛門高棟伝』東京大学出版会（一九八八年）
・長井　実編『自叙益田孝翁伝』中央公論社（一九八九年）
・岩佐凱実『回想八十年―グローバリストの眼―』日本法制学会（一九九〇年）
・山口日太郎『学閥の興亡――経済大国日本を牛耳る六大企業グループ』政策時報社（一九九一年）
・岡野保次郎「三菱財閥の解体」安藤良雄編著『昭和史への証言　第四巻』原書房（一九九三年）

・「追想　大槻文平」編集委員会編『追想　大槻文平』三菱マテリアル（一九九三年）
・江戸英雄『三井と歩んだ七〇年』朝日新聞社（一九九四年）
・三井文庫編『三井事業史　本篇　第三巻　中』（一九九四年）
・武内成『明治期三井と慶応義塾卒業生——中上川彦次郎と益田孝を中心に』文眞堂（一九九五年）
・安川雄之助『三井物産筆頭常務　安川雄之助の生涯』東洋経済新報社（一九九六年）
・亀嶋謙『三井銀行を築いた異色の経営者たち』青桐舎（一九九六年）
・宮川隆泰『中公新書１３１７　岩崎小弥太——三菱を育てた経営理念』中央公論社（一九九六年）
・瀬岡誠『近代住友の経営理念——企業者史的アプローチ』有斐閣（一九九八年）
・竹内洋『〈日本の近代12〉学歴貴族の栄光と挫折』中央公論新社（一九九九年）
・東洋経済新報社編『東洋経済別冊　役員四季報　２０００年版』（一九九九年）
・川口浩編『大学の社会経済史——日本におけるビジネス・エリートの養成』創文社（二〇〇〇年）
・山本祐輔『安田一　金融財閥最後の総長——私を捨て公に生きた生涯』出版文化社（二〇〇〇年）
・三井文庫編『三井事業史　本篇　第三巻　下』（二〇〇一年）
・秦郁彦『旧制高校物語』文春新書（二〇〇三年）
・日本経済新聞社編『私の履歴書　経済人　27』（二〇〇四年）
・日本経済新聞社編『私の履歴書　経済人　34』（二〇〇四年）
・菊地浩之『企業集団の形成と解体——社長会の研究』日本経済評論社（二〇〇五年）
・岩瀬彰『講談社現代新書１８５８　「月給百円」サラリーマン——戦前日本の「平和」な生活』講談社（二〇〇六年）

・若林幸男『三井物産人事政策史1876〜1931年――情報交通教育インフラと職員組織』ミネルヴァ書房（二〇〇七年）
・長広利崇『戦間期日本石炭鉱業の再編と産業組織――カルテルの歴史分析』日本経済評論社（二〇〇九年）
・宇佐美畏『出会いの不思議――明治大正期の三井銀行にみる慶応義塾と青山学院の人脈』東京図書出版会（二〇一〇年）
・山本一雄『住友本社経営史（上・下）』京都大学学術出版会（二〇一〇年）
・橘木俊詔『三商大　東京・大阪・神戸――日本のビジネス教育の源流』岩波書店（二〇一二年）
・三井文庫編『史料が語る三井のあゆみ』吉川弘文館（二〇一五年）
・菊地浩之『三菱グループの研究――最強組織の実像に迫る』洋泉社（二〇一七年）
・菊地浩之『三井グループの研究――実力主義が支えた名門集団』洋泉社（二〇一七年）
・菊地浩之『住友グループの研究――〝結束力〟を誇った企業集団』洋泉社（二〇一七年）
・若林幸男編著『学歴と格差の経営史――新しい歴史像を求めて』日本経済評論社（二〇一八年）
・粕谷　誠『戦前日本のユニバーサルバンク――財閥系銀行と金融市場』名古屋大学出版会（二〇二〇年）
・下谷政弘監修　住友史料館編『住友近代史の研究』ミネルヴァ書房（二〇二〇年）

論文

・麻島昭一「住友財閥の経営者層の考察―住友合資会社設立以降を中心に」『専修経営学論集』第三三号（一九八二年）

・麻島昭一「第一次大戦期の三菱財閥の改組―その財務的側面の考察」『専修経営学論集』第三七号（一九八四年）
・麻島昭一「三菱財閥の経営者層の変質―コンツェルン形成後の性格」『専修経営研究年報』№.一二（一九八七年）
・麻島昭一「三菱合資会社の経営者層―直営事業分離以前」専修大学社会科学研究所編『社会科学年報』第二二号（一九八八年）
・麻島昭一「戦前期三井物産の学卒社員採用―明治後半・大正期を中心として」『専修経営学論集』第七五号（二〇〇三年）
・大島久幸・岡崎哲二「戦前期における三菱商事の組織と職員のキャリア形成」『三菱史料館論集』第一九号（二〇一八年）
・岡　三雄「牧田環とその事業活動」『三井金属修史論叢』第一〇号（一九七八年）
・木山　実・大島久幸「戦前期商社業界における学閥形成」『近代日本研究』第三七巻（二〇二〇年）
・鈴木孝明「昭和10年代三菱社の人事政策」『大東文化大学紀要』三六号（一九九八年）
・鈴木孝明「明治期三菱合資会社の経営支配機構」『大東文化大学紀要』二七号（一九八九年）
・鈴木孝明「大正期三菱合資会社の経営支配機構」『大東文化大学紀要』二九号（一九九一年）
・鈴木孝明「昭和期三菱合資会社の経営支配機構」『経済論集』五二号（一九九一年）
・鈴木孝明「明治10年代郵便汽船三菱会社の人事政策」『経済論集』五四号（一九九二年）
・鈴木孝明「明治・大正期三菱合資会社の人事政策」『大東文化大学紀要』三二号（一九九四年）
・鈴木孝明「大正・昭和期三菱合資会社の人事政策――１９１７～１９３７」『大東文化大学紀要』三三号

（一九九五年）
・鈴木孝明「昭和10年代三菱社の経営支配機構」『経済論集』六五号（一九九六年）
・鈴木良隆「三菱の技術者　明治19～40年」『三菱史料館論集』第五号（二〇〇四年）
・鈴木良隆「三菱の技術者（続）明治41～大正6年」『三菱史料館論集』第六号（二〇〇五年）
・鈴木良隆「三菱の銀行員――明治18～大正8年」『三菱史料館論集』第八号（二〇〇七年）
・鈴木良隆「本社の人びとと本社機能――明治41年～大正8年の三菱合資会社」『三菱史料館論集』第九号（二〇〇八年）
・鈴木良隆「三菱・商事部門で働いた人びと　1886（明治19）～1918（大正7）年」『三菱史料館論集』第一九号（二〇一八年）

名簿・社内報等

・三菱合資会社編『三菱会社　使用人名簿　附三菱製紙所　東京倉庫株式会社　小岩井農場　東山農場　明治四十四年度』（一九一六年）
・三菱合資会社編『三菱合資会社　使用人名簿　附三菱関係場所　大正五年十月末日現在』（一九一六年）
・三菱合資会社編『三菱合資会社　分系会社簿　昭和十二年十月一日現在』（一九三七年）
・住友合資会社編『住友家　株式会社住友銀行　株式会社住友鋳鋼所　職員録　大正八年五月』（一九一九年）
・安田銀行編『株式会社安田銀行　職員名簿　大正十四年十一月一日現在』（一九二五年）
・安田銀行編『株式会社安田銀行　職員名簿　大正十五年十一月一日現在』（一九二六年）

・安田同人会編『安田同人会会誌　昭和十一年十二月　追悼号』（第百二十八号）（一九三六年）
・安田同人会編『安田同人会会誌　昭和十一年五月　安田銀行創業六〇周年記念特輯号』（第百六十九号）（一九四〇年）
・広瀬虎四郎編『学士会月報（第三九三号ノ二）学士会会員氏名録　大正九年十一月二十五日臨時発行』学士会（一九二〇年）
・浅野　良編『会員氏名録　昭和十五年用』学士会（一九三九年）
・石川　剛編『会員名簿　昭和十年九月二十五日現在』一高同窓会（一九三五年）
・大槻文平編『第一高等学校同窓生名簿（昭和61年版）一高同窓会編』（一九八五年）
・第二高等学校尚志同窓会編『二高尚志同窓会会員名簿（平成3年版）』（一九九一年）
・三高同窓会編『三高同窓会　会員名簿（1987）』（一九八六年）
・四高同窓会編『四高同窓会名簿——四高開学100周年記念　昭和62年（1987年）』（一九八七年）
・五高同窓会編『五高同窓会会員名簿（九十五周年記念号）』（一九八二年）
・慶応義塾幼稚舎同窓会編『慶応義塾幼稚舎同窓会名簿　昭和三十一年二月現在』（一九五六年）
・慶応義塾塾員課・慶応工業会編『昭和二十五年度改定全国版　主要会社別　塾員名簿』（一九五〇年）
・藤井良一編『会員名簿　昭和59—60年版』（一橋大学）如水会（一九八三年）
・筑波大学附属小学校卒業生名簿作成委員会編『筑波大学附属小学校卒業生名簿　昭和58年2月15日発行』（一九八三年）

菊地浩之（きくち・ひろゆき）

1963年北海道生まれ。國學院大學経済学部を卒業後、ソフトウェア会社に入社。勤務の傍ら、論文・著作を発表。専門は企業集団、企業系列の研究。2005-06年、明治学院大学経済学部非常勤講師を兼務。06年、國學院大學博士（経済学）号を取得。著書に『企業集団の形成と解体』（日本経済評論社）、『日本の地方財閥30家』（平凡社新書）、『最新版　日本の15大財閥』『織田家臣団の系図』『豊臣家臣団の系図』『徳川家臣団の系図』（角川新書）、『三菱グループの研究』『三井グループの研究』『住友グループの研究』（洋泉社歴史新書）など多数。

財閥《ざいばつ》と学閥《がくばつ》

三菱《みつびし》・三井《みつい》・住友《すみとも》・安田《やすだ》、エリートの系図《けいず》

菊地浩之《きくちひろゆき》

2025年2月10日　初版発行

発行者　山下直久
発　行　株式会社KADOKAWA
〒102-8177　東京都千代田区富士見2-13-3
電話　0570-002-301（ナビダイヤル）
装 丁 者　緒方修一（ラーフイン・ワークショップ）
ロゴデザイン　good design company
オビデザイン　Zapp!　白金正之
印 刷 所　株式会社暁印刷
製 本 所　本間製本株式会社

角川新書

ISBN978-4-04-082537-3 C0233